CONCURSOS LITERARIOS DE 1950, 1951 Y 1952

LEYENDAS Y POEMAS DE COMAYAGÜELA

LEYENDAS Y POEMAS DE COMAYAGÜELA
CONCURSOS LITERARIOS DE 1950, 1951 Y 1952
©Colección Erandique

Supervisión Editorial: Óscar Flores
Diseño de portada: Danny Velásquez
Administración: Tesla Rodas—Jessica Cordero
Director Ejecutivo: José Azcona Bocock
Primera Edición

Tegucigalpa, Honduras—Mayo de 2026

PLEGARIA

(A la Santísima Virgen de Concepción)

¡Cómo no amarte, Celestial Señora,
si evocas el pasado refulgente
de esta bella Colina sonadora
donde reina tu amor eternamente!

¡Cómo ambiciono la rima sonora,
que fuera siempre a tu gracia clemente,
para cantar la gloria bienhechora
que brindas a tu pueblo dulcemente!

¡Pues eres, MADRE!, la Santa Patrona,
que la fe de tu Grey constante abona,
a través de sus dichas y sus duelos.

¡Y pones en mi espíritu creyente
la llama milagrosa, reverente,
que animó a los indígenas abuelos!

SALVADOR TURCIOS R.

A MANERA DE INTRODUCCIÓN: EL PORQUÉ DE ESTA PUBLICACIÓN

El Comité de Festejos de la Feria de Concepción de Comayagüela de 1950 y el Presidente del Concejo del Distrito Central, en su afán de estimular a la intelectualidad hondureña, han dispuesto publicar este libro contentivo de todos los trabajos literarios que merecieron la aprobación unánime del Honorable Jurado Calificador de 1950, 1951 y 1952, a efecto de que sean conocidos todos y cada uno de los que participaron en el "Certamen Literario", porque todos ellos se destacan con relieves propios por su literatura avanzada, realista y maravillosa.

El Comité de Festejos y el Presidente del Concejo del Distrito Central se permiten felicitar a todos y a cada uno de los intelectuales que participaron en el "Certamen Literario", por sus magníficas composiciones, y augurarles que han ganado y seguirán ganando admiradores.

Los modestos premios alcanzados por los concursantes, de los que se presentaron al torneo, evidencian no solo la capacidad literaria de la juventud hondureña, sino también el alto valor intelectual de la misma juventud, que se realza ante el triunfo obtenido en los concursos de 1950, 1951 y 1952, donde concurrieron valores intelectuales de todos los matices y calificados en Honduras.

Este libro será distribuido convenientemente en el país y en el extranjero, entre las instituciones literarias, culturales, periódicos y revistas, escritores y autores, a lo cual el Comité de Festejos, sumamente complacido, dará exacto cumplimiento.

Los plácemes más efusivos del Comité de Festejos y del Presidente del Concejo del Distrito Central por los triunfos en los "Certámenes Literarios" de los hondureños, quienes, con su inteligencia y dedicación a las bellas letras, están difundiendo el nombre de Honduras en general, y el de Comayagüela en particular, dentro y fuera del país, con el prestigio a que son acreedores por el esfuerzo loable de sus hijos que se han consagrado como poetas y escritores de verdadera valía.

El Comité de Festejos de la Feria de Concepción de Comayagüela de 1950, 1951 y 1952 y el Presidente del Concejo del Distrito Central reiteran su felicitación muy efusiva por este significativo triunfo, que honra no solo a los participantes en los "Certámenes Literarios", sino también a nuestra patria, Honduras.

R. R. Z.

PRIMER CONCURSO LITERARIO

ACTA DEL CONCEJO DEL DISTRITO CENTRAL

(Nombrando las personas que integrarán el "Comité de Festejos de la Feria de Concepción de Comayagüela" durante el mes de diciembre de 1950).

En el Palacio del Distrito Central, ciudad de Tegucigalpa, D.C., el día lunes trece de noviembre de mil novecientos cincuenta, siendo las cuatro de la tarde, se reunieron en el local de la Presidencia del Concejo del Distrito Central los señores: don Roberto Calderón, doctor Armando Bardales, abogado Horacio Moya Posas, doctor Guillermo E. Durón, profesora doña Isabel Sequeiros viuda de Pinel, doña Estela de Machado Valle, doña Lastenia Zepeda de Lacayo, ingeniero Manuel López Callejas, escritor don Rosalío R. Zavala y don Gabriel Zepeda.

Presidió la reunión el señor Presidente del Concejo, don Francisco García Valladares, con asistencia de los vocales del mismo organismo, doctor Carlos Lardizábal y profesor don Agustín Alonzo, y del señor fiscal, abogado don Florencio Puerto.

Con instrucciones del señor Presidente del Concejo, el secretario puso en el conocimiento de todos los asistentes el objeto de la reunión y manifestó que la Presidencia del Concejo había recibido excusas muy atentas de los señores don Fernando Zepeda Durón, ingeniero Arturo López Rodezno, don Vicente Machado Valle, licenciado Francisco J. Blanco, don Manuel E. Sosa y profesora doña Isabel de Weitnawer, quienes no aceptaron integrar el Comité de Festejos por diversos motivos.

El ingeniero Manuel López Callejas manifestó que su hermano Hernán, de los mismos apellidos, aceptaba ser miembro del Comité, pero que motivos de enfermedad lo privaban de asistir a esta primera reunión.

El secretario manifestó también que el licenciado Manuel Bonilla R. y el artista fotógrafo don Raúl Estrada Discua seguramente aceptan ser miembros del Comité; pero no se ha recibido ninguna confirmación porque el primero anda en un viaje fuera del país, y el segundo no había sido posible localizarlo para hacerle entrega del nombramiento que la Presidencia del Concejo ha hecho recaer en él.

Acto seguido, los miembros del Comité procedieron por elección a la organización del mismo, resultando electos:

Presidente: Doctor Guillermo E. Durón
Vocal Primero.... Abogado Horacio Moya Posas
Vocal Segundo: Doctor Armando Bardales
Vocal Cuarto: Doña Lastenia Zepeda de Lacayo
Vocal Sexto: Don Gabriel Zepeda
Vocal Octavo: Licdo. Manuel Bonilla R.
Secretario 1: Escritor Rosalío R. Zavala

Incontinenti, la Presidencia del Concejo dio posesión de sus cargos a los electos, y firmó esta acta.

(Firmado) Francisco García Valladares
(Firmado) Carlos Lardizábal
(Firmado) Agustín Alonzo
(Firmado) Florencio Puerto
(Firmado) Guillermo E. Durón
(Firmado) Manuel López Callejas
(Firmado) Estela de Machado Valle
(Firmado) Roberto Calderón
(Firmado) Armando Bardales
(Firmado) Gabriel Zepeda
(Firmado) Lastenia Zepeda de Lacayo
(Firmado) Isabel S. viuda de Pinel
(Firmado) Horacio Moya Posas
(Firmado) Rosalío R. Zavala

Ante mí,
Florentino Álvarez Canales,
Secretario del Concejo.

ACTA DEL COMITÉ DE FESTEJOS DE LA FERIA DE CONCEPCIÓN DE COMAYAGÜELA

(Nombrando el "Jurado Calificador" de las composiciones que se presenten al "Certamen Literario").

DECIMOCUARTA SESIÓN

En el salón del Despacho del Presidente del Distrito Central celebró su décimocuarta sesión el Comité de Festejos de la Feria de Concepción de Comayagüela, el día martes 5 de diciembre de 1950, abierta a las 4 y 55 minutos de la tarde, presidida por el Doctor Durón, con asistencia del Vicepresidente López Callejas, de la Secretaria Segunda, señora de Machado Valle, y de los Vocales: Moya Posas, Bardales, señora de Pinel, Calderón Estrada, Zepeda, Bonilla R., y el infrascrito Secretario Primero, faltando sin excusa: señora Zepeda de Lacayo, López Callejas (don Hernán) y Estrada Discua, procediéndose en la forma siguiente:

1°.- Se leyó y aprobó el acta de la sesión anterior, sin ninguna objeción o enmienda.

2°.-

3°.-

4°.- Bardales dice que no se ha nombrado el "Jurado Calificador" que examinará los trabajos relacionados con el "Certamen Literario" promovido por el Comité de Festejos, que eso no debe pasar inadvertido, y que no conviene perder tiempo; que solo faltan pocas horas para que se inicie la Feria, por lo que hace moción en el sentido de que se nombre el "Jurado Calificador", con las siguientes personas:

Licenciado, poeta y literato, Luis Andrés Zúñiga

Ingeniero y escritor, Miguel Ángel Ramos

Reverendo Padre, Laureano Ruiz.

Tomado el parecer de todos los miembros del Comité, fueron aceptados por unanimidad.

5°.-

6°.-

7°.- No habiendo más de que tratar por el momento, y siendo muy avanzada la hora, se levantó la sesión a las 6 y 25 minutos pasado meridiano, quedando convocados para mañana, a la misma hora y en el mismo local.

(f.) Guillermo E. Durón,
Presidente del Comité.

(f.) Rosalío R. Zavala,
Secretario Primero.

Acta del Comité de Festejos de la Feria de Concepción de Comayagüela, nombrando el "Jurado Calificador" de las composiciones que se presenten al "Certamen Literario"

BASES PARA EL "CERTAMEN LITERARIO" DE LA FERIA DE CONCEPCIÓN

I

El Comité de Festejos de la Feria de Concepción, deseando tributar un significativo homenaje a la ciudad de Comayagüela, con ocasión del CIENTO UN aniversario de su Feria Tradicional, abre, a partir de esta fecha y hasta el 18 de diciembre próximo, un CERTAMEN LITERARIO sujeto a las bases y reglamentación siguientes:

II

Pueden ser participantes los poetas y escritores hondureños, y en general todas aquellas personas residentes en Honduras que se hayan dedicado o se dediquen a estudios literarios. El Certamen constará de dos clases de trabajos, a elección de los participantes, así:

a) Un trabajo literario en verso.

b) Un trabajo literario en prosa.

III

Estas composiciones se consagrarán a exaltar el pasado, el presente y el futuro de Comayagüela, ya sea en su historia, en su vida cultural, en su folklore, etcétera, etcétera.

IV

La extensión, plan y forma literaria de los trabajos queda a voluntad de los autores.

V

Los trabajos serán escritos en máquina y a doble espacio, y se enviarán a la Secretaría del Comité, de 2 a 5 de la tarde, en cualesquiera de los días del Certamen; se remitirán en sobre de oficio cerrado, con seudónimo al pie del trabajo, en vez de la firma del autor. Por separado se remitirá la plica, en sobre pequeño, la que contendrá, además del seudónimo, la firma auténtica del concursante. En la parte exterior del sobre se escribirá:

"Certamen Literario de la Feria de Concepción"
Señor Secretario del Comité de Festejos.

VI

Los trabajos presentados, junto con las plicas, serán entregados por el Secretario al Jurado Calificador, quien los estudiará detenidamente y celebrará sesión para discutir sobre el mérito de los mismos, a efecto de adjudicar los premios acordados por el Comité. Los premios acordados consisten:

a) Para cada uno de los mejores trabajos en verso y en prosa, Primer Premio CIEN LEMPIRAS y Diploma de Honor.

b) Para cada uno de los trabajos que se aproximen en mérito a los dos primeros, Segundo Premio SETENTA Y CINCO LEMPIRAS y Mención Honorífica.

VII

Dichos trabajos y los que se juzguen de interés por el Jurado serán publicados en la prensa local para estímulo de sus autores.

VIII

El Jurado Calificador dará su fallo el día 22 de diciembre y, a los triunfadores, se les entregarán los premios en un acto público que celebrará el Comité, y que tendrá efecto en el lugar que se designe el día 24 del citado mes.

Comayagüela, Distrito Central, 29 de noviembre de 1950.

[f.] Salvador Turcios R.   Redactor.

[f.] Agustín Alonzo,   Redactor.

NOTA DE REMISIÓN

Tegucigalpa, D.C., 21 de diciembre de 1950.

Señor Secretario del Comité de Festejos de la Feria
de Concepción de Comayagüela, Coronel Rosalío R. Zavala,
Presente.

Acompañamos a la presente el acta que hemos levantado para sentar la resolución a que llegamos respecto a los premios otorgados a las mejores composiciones que nos envió esa Secretaría.

Firmada el acta, hemos considerado que los premios que se establecieron para dichas composiciones son muy pequeños y que quizá sería posible al Comité de Festejos gestionar su aumento, cuando menos al doble de las cantidades asignadas. Igual cosa puede hacerse con las sumas que se otorguen a los trabajos recomendados para una Mención Honorífica o Diploma que, como se dice en el acta, son seis en verso y seis en prosa.

Al hacer las sugerencias anteriores, pensamos que al mismo tiempo de ser un estímulo para los favorecidos, es una propaganda para el futuro de la cultura nacional, ya que es bien sabida la poca o ninguna remuneración que se ofrece a los intelectuales por cualquier esfuerzo que hacen en sus publicaciones periodísticas, folletos o libros.

Atentos y seguros servidores.

(f.) LUIS ANDRÉS ZÚÑIGA
(f.) LAUREANO RUIZ
(f.) MIGUEL A. RAMOS

ACTA DEL JURADO CALIFICADOR DE LAS COMPOSICIONES PRESENTADAS AL "CERTAMEN LITERARIO"

Los infrascritos, miembros del Jurado Calificador del "Certamen Literario de la Feria de Concepción", reunidos el día de hoy, 21 del corriente, a las dos de la tarde, en la Sala de Lectura de la Biblioteca Nacional, para emitir el dictamen respectivo, de conformidad con las bases acordadas por el Comité de Festejos de la Feria de Concepción de Comayagüela, y siendo esta la última sesión y de la única que se levanta el acta, cabe relatar la forma en que han procurado cumplir su cometido.

En su debida oportunidad recibieron sendos nombramientos, y el 18 del corriente la Secretaría envió, bajo sobres cerrados y numerados del 1 al 33, los trabajos que había recibido. Inmediatamente procedimos a distribuirlos entre nosotros para que cada uno pudiera leerlos separadamente y, al abrir los sobres, encontramos que se habían presentado:

Trabajos en verso: 17

Trabajos en prosa: 14

Trabajos en prosa y verso: 1

Trabajos en blanco: 1

Total: 33

Leídos todos los trabajos, nos reunimos en casa del Presidente del Jurado, licenciado Luis Andrés Zúñiga, a las siete de la noche del día de ayer, llevando cada uno las anotaciones correspondientes. Al cambiar impresiones, tuvimos la satisfacción de haber coincidido en las selecciones hechas para los primeros y segundos premios, lo mismo que en la recomendación de seis trabajos en verso y seis en prosa, que por una u otra causa nos parecieron dignos de ser recomendados, lo que da un CINCUENTA POR CIENTO altamente significativo como coeficiente de gran valía.

Ello no quiere decir que hayamos desechado los restantes por falta de mérito. No; de ninguna manera; hay entre ellos algunos valiosos estudios históricos y otros literarios dignos de consideración, pero al incluirlos, se aumentaría demasiado el volumen de los agraciados y ello demeritaría la importancia de los mencionados en las líneas anteriores. En definitiva, el resultado fue el siguiente:

EN VERSO

El PRIMER PREMIO corresponde al trabajo denominado: "Canto a Comayagüela" y firmado con el seudónimo "Peer Gynt".

El SEGUNDO PREMIO corresponde al trabajo denominado "Comayagüela" y calzado con el seudónimo "Pinocho Hondureño".

Se recomienda para que se les dé un premio de L 50.00 y una Mención Honorífica o Diploma, como un estímulo a su labor y, sobre todo, por la pulcritud y belleza de sus composiciones, ya que, por el número reducido de premios, teníamos que decidirnos solamente por dos, a cada uno de los siguientes:

De conformidad con los números que llevan en los sobres:

No. 5.- "Mi Abuela Concepción", por Francisco de Silvara.

No. 7.- "A Comayagüela", por Amador Bueno.

No. 24.- "Díptico a Comayagüela", por el Marqués Fernández.

No. 29.- "Ciudad de Comayagüela", por Martín Fierro.

No. 30.- "Mi Dulce Comayagüela", por Indígena.

EN PROSA

Corresponde el PRIMER PREMIO al trabajo intitulado: "Así es Comayagüela" [Estampa colorida], firmado con el seudónimo de "E. Hamlet". Se otorgó el SEGUNDO PREMIO al trabajo "Evocación Turística y Perfil de Comayagüela", con el seudónimo de "Hugo Castro".

Lo mismo que en las composiciones poéticas, se recomiendan en prosa, para que se les conceda igual distinción y premio en metálico, a las siguientes:

No. 4.- Folklore de Comayagüela. "El Tesoro de la Cueva de la Chorrera", por Jacinto Cañizales.

No. 14.- "Exaltación del amor maternal en el pasado y en el presente de Comayagüela", por Zulema Arce.

No. 22.- "Pasado, presente y futuro de Comayagüela, o sea su aspecto histórico, cultural o folclórico", por Cassandra Lavaire.

No. 23.- "Indios de la Cuesta", por Serrana.

No. 27.- "El pasado, el presente y el futuro de Comayagüela", escribe Polina Deskalsy.

No. 10.- Lejanías. "El sugestivo colorido de la ex-villa", por Raúl Brañas.

DEVOLUCIÓN DE PLICAS

El Jurado Calificador desea que el Comité de Festejos de la "Feria de Concepción de Comayagüela" se sirva proceder a la apertura de las plicas, con las formalidades que estime necesarias, y por esto las devuelve, lo mismo que los 33 sobres con sus respectivas composiciones.

El Jurado sugiere, además, que los trabajos, tanto premiados como recomendados, se publiquen:

1°.- En algún órgano de la prensa local en "folletín", a fin de que pueda ser recortado y encuadernado.

2°.- Que se haga una edición en volumen aparte para su mejor conservación.

Al rendir al Comité expresivas gracias por la distinción de que nos hizo objeto con el nombramiento para integrar un Jurado, que ha tenido la satisfacción de comprobar el alto espíritu cultural del país por el jugoso aporte a este "Certamen Literario", firman la presente, en Tegucigalpa, Distrito Central, a los veintiún días del mes de diciembre de mil novecientos cincuenta.

[f.] LUIS ANDRÉS ZÚÑIGA
[f.] LAUREANO RUIZ
[f.] MIGUEL A. RAMOS

DEL COMITÉ DE FESTEJOS DE LA "FERIA DE CONCEPCIÓN DE COMAYAGÜELA", AL ABRIR LAS PLICAS DE LAS COMPOSICIONES PREMIADAS EN EL "CERTAMEN LITERARIO"

Con motivo de haberse recibido del "Jurado Calificador" el acta correspondiente relacionada con el "CERTAMEN LITERARIO DE LA FERIA DE CONCEPCIÓN", juntamente con la devolución de los 33 trabajos presentados por igual número de concursantes, que fueron examinados por el referido Tribunal Dictaminador, el Presidente del Comité de Festejos de la "Feria de Concepción de Comayagüela", doctor Guillermo E. Durón, convocó a una "sesión extraordinaria" para conocer el veredicto del "Jurado Calificador", habiéndose verificado la sesión en el salón del Hotel "Panamericano", a las 8 de la noche del día jueves 21 de diciembre de 1950, presidida por el doctor Durón, con la asistencia de la Secretaria Segunda, señora de Machado Valle, y de los Vocales: Moya Posas, señora de Pinel, Calderón Estrada, Zepeda, López Callejas (don Hernán), y el infrascrito Secretario, procediéndose en la forma siguiente:

1°.- El Presidente doctor Durón explicó el motivo de la reunión, y acto continuo dio lectura en alta voz a la nota de remisión suscrita por el licenciado y poeta laureado Luis Andrés Zúñiga, el ingeniero Miguel Ángel Ramos y por el reverendo padre Laureano Ruiz; y después leyó el acta general firmada también por los mismos señores antes mencionados, que fueron los miembros del "Jurado Calificador", nombrados por el Comité de Festejos.

2°.- El Secretario, en presencia de todos los concurrentes, sacó de una bolsa grande de papel manila los trabajos premiados, tal como los remitió el "Jurado Calificador", arreglándolos por el orden numérico correspondiente, sacando en seguida las plicas y numerando estas al igual que los sobres, para evitar confusiones.

3°.- El Presidente doctor Durón leía el título del trabajo y el seudónimo respectivo, y el Secretario anotaba en su libreta de apuntes, y después se abría la plica para conocer el nombre del autor, y así sucesivamente hasta terminar. Esta operación, como se dijo antes, se hizo en presencia de los demás miembros del Comité asistentes, mencionados en el preámbulo de esta acta.

4°.- Según el veredicto del "Jurado Calificador", obtuvo el PRIMER PREMIO el trabajo en "verso" titulado "CANTO A COMAYAGÜELA", firmado con el seudónimo de Peer Gynt, que resultó ser el del consagrado poeta Guillermo Bustillo Reina. El SEGUNDO PREMIO lo conquistó el trabajo titulado "COMAYAGÜELA", firmado con el seudónimo de Pinocho Hondureño, que resultó ser el de la poetisa y escritora Ángela Ochoa Velásquez.

5°.- Conforme el dictamen del "Jurado Calificador", alcanzó el PRIMER PREMIO el trabajo en "prosa" titulado ESTAMPA COLORIDA. "ASÍ ES COMAYAGÜELA", firmado con el seudónimo de E. Hamlet, que resultó ser el del profesor Plutarco Castro R. El SEGUNDO PREMIO se le adjudicó al trabajo titulado "EVOCACIÓN TURÍSTICA Y PERFIL DE COMAYAGÜELA", firmado con el seudónimo de Hugo Castro, que resultó ser el del profesor Hernán C. Coello.

6°.- El "Tribunal Dictaminador" recomienda de manera especial que se otorguen, como un estímulo a su labor, y muy particularmente por la pulcritud y belleza de sus composiciones, 50 lempiras y una "Mención Honorífica" a los trabajos en "verso", que a continuación se denominan:

"MI ABUELA CONCEPCIÓN", de Francisco de Silvara. "A COMAYAGÜELA", de Amador Bueno. "TRÍPTICO SENCILLO A LA CIUDAD DE COMAYAGÜELA", de Adolfo Rosales. "DÍPTICO A COMAYAGÜELA", de El Marqués Fernández. "CIUDAD DE COMAYAGÜELA", de Martín Fierro. "MI DULCE COMAYAGÜELA", por Indígena.

7°.- El "Jurado Calificador" recomienda también que se otorguen, por los mismos motivos expresados en la cláusula anterior, 50 lempiras y una "Mención Honorífica" a los trabajos en "prosa", que se detallan a continuación:

FOLKLORE DE COMAYAGÜELA. "EL TESORO DE LA CUEVA DE LA CHORRERA", de Jacinto Cañizales. "EXALTACIÓN DEL AMOR MATERNAL EN EL PASADO Y EN EL PRESENTE DE COMAYAGÜELA", de Zulema Arce. "PASADO, PRESENTE Y FUTURO DE COMAYAGÜELA, O SEA

SU ASPECTO HISTÓRICO, CULTURAL O FOLCLÓRICO", de Cassandra Lavaire. "INDIOS DE LA CUESTA", por Serrana.

"EL PASADO, EL PRESENTE Y EL FUTURO DE COMAYAGÜELA", de Polina Deskalsy. LEJANÍAS. "EL SUGESTIVO COLORIDO DE LA EX-VILLA", por Raúl Brañas.

8°.- Se acordó consultar con el Presidente del Distrito Central el asunto relacionado con la recomendación especial que hace el "Jurado Calificador", de adjudicar un premio de 50 lempiras y "Mención Honorífica" a los seis concursantes que presentaron sus trabajos en "verso", haciendo lo mismo para los otros seis participantes que enviaron sus trabajos en "prosa", para lo cual se dispuso que el Presidente del Comité de Festejos, doctor Durón, y el Secretario Primero Zavala fueran personalmente a visitar al Presidente del Distrito Central, y le expusieran con claridad el asunto, para ver si se lograba complacer los deseos del "Tribunal Dictaminador", ya que esa recomendación era pertinente y digna de tomarse en cuenta, por la calidad de las personas signatarias que hacen la recomendación.

9°.- Para mayor claridad y comprensión, se especifica el título de las composiciones en "verso" y en "prosa", el seudónimo que las respalda, el nombre propio de su autor y el premio correspondiente, cuyo detalle es el que a continuación se expresa:

EN VERSO

1.- "CANTO A COMAYAGÜELA", firmado con el seudónimo de Peer Gynt, que resultó ser el del profesor y poeta Guillermo Bustillo Reina, obtuvo el PRIMER PREMIO, consistente en un "DIPLOMA DE HONOR" y CIEN LEMPIRAS.

2.- "COMAYAGÜELA", firmado con el seudónimo de Pinocho Hondureño, que resultó ser el de la poetisa y escritora Ángela Ochoa Velásquez, obtuvo el SEGUNDO PREMIO, consistente en un "DIPLOMA DE HONOR" y SETENTA Y CINCO LEMPIRAS.

3.- "MI ABUELA CONCEPCIÓN", firmado con el seudónimo de Francisco de Silvara, que resultó ser el de la poetisa y escritora doña Emma Moya Posas, obtuvo "MENCIÓN HONORÍFICA".

4.- "A COMAYAGÜELA", firmado con el seudónimo de Amador Bueno, que resultó ser el del exsacerdote Ildefonso Orellana Bueso, obtuvo "MENCIÓN HONORÍFICA".

5.- "TRÍPTICO SENCILLO DE LA CIUDAD DE COMAYAGÜELA", firmado con el seudónimo de Adolfo Rosales, que resultó ser el del joven bachiller y escritor Óscar Acosta, obtuvo "MENCIÓN HONORÍFICA".

6.- "DÍPTICO A COMAYAGÜELA", firmado con el seudónimo de El Marqués Fernández, que resultó ser el del joven bachiller Vicente Machado Valle hijo, obtuvo "MENCIÓN HONORÍFICA".

7.- "CIUDAD DE COMAYAGÜELA", firmado con el seudónimo de Martín Fierro, que resultó ser el de la profesora y escritora doña Olimpia Varela y Varela, obtuvo "MENCIÓN HONORÍFICA".

8.- "MI DULCE COMAYAGÜELA", firmado con el seudónimo de Indígena, que resultó ser el de la profesora y escritora doña Marisabel Guillén de Rodríguez, obtuvo "MENCIÓN HONORÍFICA".

EN PROSA

1.- ESTAMPA COLORIDA. "ASÍ ES COMAYAGÜELA", firmado con el seudónimo de E. Hamlet, que resultó ser el del profesor Plutarco Castro R., obtuvo el PRIMER PREMIO, consistente en un "DIPLOMA DE HONOR" y CIEN LEMPIRAS.

2.- "EVOCACIÓN TURÍSTICA Y PERFIL DE COMAYAGÜELA", firmado con el seudónimo de Hugo Castro, que resultó ser el del Prof. Hernán C. Coello, obtuvo el SEGUNDO PREMIO, consistente en un "DIPLOMA DE HONOR" y SETENTA Y CINCO LEMPIRAS.

3.- FOLKLORE DE COMAYAGÜELA. "EL TESORO DE LA CUEVA DE LA CHORRERA", firmado con el seudónimo de Jacinto Cañizales, que resultó ser el del bachiller, poeta, escritor e historiador Salvador Turcios Ramírez, obtuvo "MENCIÓN HONORÍFICA".

4.- "EXALTACIÓN DEL AMOR MATERNAL EN EL PASADO Y EN EL PRESENTE DE COMAYAGÜELA", firmado con el seudónimo de Zulema Arce, que resultó ser el del profesor, licenciado y escritor Armando Cerrato Valenzuela, obtuvo "MENCIÓN HONORÍFICA".

5.- "PASADO, PRESENTE Y FUTURO DE COMAYAGÜELA, O SEA SU ASPECTO HISTÓRICO, CULTURAL O FOLCLÓRICO", firmado con el seudónimo de Cassandra Lavaire, que resultó ser el de la señorita Zonia Raudales Alvarado, obtuvo "MENCIÓN HONORÍFICA".

6.- "LOS INDIOS DE LA CUESTA", firmado con el seudónimo de Serrana, que resultó ser el de la escritora doña Marcelina Bonilla, obtuvo "MENCIÓN HONORÍFICA".

7.- "EL PASADO, EL PRESENTE Y EL FUTURO DE COMAYAGÜELA", firmado con el seudónimo de Polina Deskalsy, que resultó ser el de la joven doctora en Medicina y Cirugía Marta Raudales Alvarado, obtuvo "MENCIÓN HONORÍFICA".

8.- LEJANÍAS. "SUGESTIVO COLORIDO DE LA EX-VILLA", firmado con el seudónimo de Raúl Brañas, que resultó ser el del profesor, escritor y periodista Juan Ramón Ardón, obtuvo "MENCIÓN HONORÍFICA".

TÍTULOS Y SEUDÓNIMOS DE LOS CONCURSANTES CUYOS TRABAJOS NO MERECIERON PREMIO NI MENCIÓN HONORÍFICA

EN VERSO

1.- "COMAYAGÜELA", firmado con el seudónimo de Magalí.

2.- "A LA SANTA PATRONA DE MI PUEBLO", firmado con el seudónimo de José Diego.

3.- "UN CENZONTLE Y UNA LUCIÉRNAGA", firmado con el seudónimo de J. Vollastin Cleg A.

4.- "TRÍPTICO DE COMAYAGÜELA", firmado con el seudónimo de Jaime Pino.

5.- "RECUERDOS DE LA FERIA DE CONCEPCIÓN HACE CINCUENTA AÑOS", firmado con el seudónimo de Arnulfo Osorio.

6.- "COMAYAGÜELA TURÍSTICA", firmado con el seudónimo de Número Cero.

7.- "CANTO A COMAYAGÜELA", firmado con el seudónimo de Rodolfo Verline.

8.- "TRÍPTICO A LA CIUDAD DE COMAYAGÜELA", firmado con el seudónimo de David Verne.

EN PROSA

1.- "COMAYAGÜELA EN SU PASADO, SU PRESENTE Y SU FUTURO", firmado con el seudónimo de Bañista de El Carrizal.

2.- SÍNTESIS HISTÓRICA DE COMAYAGÜELA", firmado con el seudónimo de Eloy Cortez.

3.- A MANERA DE FOLCLORE. "EL GRAN POETA JOSÉ SANTOS CHOCANO EN COMAYAGÜELA", firmado con el seudónimo de Juan José del Monte.

4.- "EL GLORIOSO MANTO CON QUE SE ENVUELVE LA CIUDAD INDIA DE COMAYAGÜELA", firmado con el seudónimo de Arnulfo Roque.

5.- "ARQUITECTURA Y ARQUITECTOS DE COMAYAGÜELA A TRAVÉS DEL TIEMPO. CONSTRUCCIÓN DEL PUENTE MALLOL", firmado con el seudónimo de Camilo de San José.

6.- "MI CANTO LÍRICO A COMAYAGÜELA", firmado con el seudónimo de Juan de Alas.

7.- "COMAYAGÜELA, CIUDAD MORENA", firmado con el seudónimo de Jaime Rosal.

EN PROSA Y VERSO

1.- "COMAYAGÜELA", firmado con el seudónimo de Ignacio López Royena.

EN BLANCO

1.- "________________", firmado con el seudónimo de Rafael Balbuena.

10°.- Habiendo terminado el examen de los 33 trabajos presentados al "Certamen Literario" promovido por el Comité de

Festejos de la "Feria de Concepción de Comayagüela", de los que se hace mención en el preámbulo de esta acta, se levanta la sesión a las 9 y 30 minutos de la noche, firmando todos los miembros presentes, para constancia.

(f.) Guillermo E. Durón
Presidente del Comité

(f.) Gabriel A. Zepeda
Vocal Sexto

(f.) Horacio Moya Posas
Vocal Primero

(f.) Hernán López Callejas
Vocal Séptimo

(f.) Isabel S. viuda de Pinel
Vocal Tercero

(f.) Estela de Machado Valle
Secretaria Segunda

(f.) Roberto Calderón Estrada
Vocal Quinto

(f.) Rosalío R. Zavala
Secretario Primero

DATOS BIOGRÁFICOS DE LOS GANADORES

POETA GUILLERMO BUSTILLO REINA (Peer Gynt).
Ganador del Primer Premio en verso.

GUILLERMO BUSTILLO REINA

Guillermo Bustillo Reina nació en Comayagüela el 5 de mayo de 1898. Su padre es el licenciado Guillermo Bustillo Godoy y su madre doña Rafaela Reina, ya difunta.

Estudió Ciencias y Letras en el Instituto Nacional de Tegucigalpa; Derecho en la Universidad de León, Nicaragua, y en la Universidad Central de Honduras. Se ha especializado en la enseñanza del inglés y en las traducciones técnicas. Actualmente sirve la cátedra de inglés en la nueva Facultad de Ciencias Económicas de nuestra Universidad.

Guillermo Bustillo Reina organizó y presidió el Comité Juventud Liberal en 1918. Dirigió el periódico político Blanco y Rojo el mismo año. Funcionario consular en Nueva York en 1920. Director de la Imprenta Nacional en 1922. Administrador de Aduana en Puerto Castilla en 1923. Publicó, junto con Arturo Martínez Galindo, la revista Continente en Nueva Orleans en 1925. Editó en La Habana el libro Honduras en español e inglés, en colaboración con el señor J. Bascom Jones en 1930. Presidió la Gran Convención Liberal en 1931.

Ha escrito varias obras, entre ellas: Vocabulario del Inglés Básico (1942). Commercial English and Business Correspondence (1942). Gramática Sintética del Inglés Básico (1942). Palabras Difíciles del Inglés (1949). Romances de la Tierruca y otros Poemas maravillosos.

CANTO A COMAYAGÜELA

-I-

Huyendo de los xicaques
y en pos de mejores tierras,
los indígenas de Jano
vinieron a estas praderas.
Eran gentes laboriosas,
frugales y circunspectas;
los varones vigorosos
y donairosas las hembras.
Se ubicaron en un llano
al sur, después en la cuenca
de dos ríos, donde pronto
erigieron una aldea,
a la sombra del Berrinche,
que fue la primera piedra
de la moderna ciudad
que hoy llaman Comayagüela.

Esa aldea fue la fragua
donde se forjó una gesta
de exaltado patriotismo.
Al llegar la Independencia,
los indios, como un solo hombre
—arcilla heroica y libérrima—,
el 28 de septiembre
hicieron suya la Enseña
blanca y azul que cubría
a la libre Centroamérica.

Cuando el funesto Iturbide
se anexó la patria nuestra,
la Villa de Concepción,
ardiente como una hoguera,
se alistó en los batallones

de los patriotas en guerra
y no dio tregua a su brazo
hasta el fin de la contienda.
Luego siguió a Morazán
en su trayectoria homérica
y en los picachos del Istmo
miró flamear su bandera.

El pueblo de Concepción,
por su fibra heroica y recia,
recibió el rango de Villa
el ochocientos cuarenta
y nueve. Cuando en Omoa
las hordas filibusteras
trataron, a sangre y fuego,
de mutilar nuestra tierra,
con el General Velásquez,
este pueblo, en Mucnilena,
se batió con la bravura
de un león en su madriguera,
logrando abatir la audacia
de las patrullas inglesas.

El año mil ochocientos
noventa y siete, la egregia
Villa colmó sus anhelos
de ser una ciudad nueva,
y en los cincuenta y tres años
que han corrido desde esa época,
nuestra ciudad se ha extendido
igual que una madreselva,
coronando las colinas,
subiendo por las laderas,
rebasando las llanuras,
recostándose en las vegas,
y escalando los picachos
con las botas de cien leguas.

Es la ciudad del futuro,
anchurosa, pulcra y feérica,
gracias a la iluminada
visión de don Pedro Reina,
quien trazó nuestra metrópoli
con calles amplias y rectas.

-II-

La ciudad debe su empuje
al ímpetu de sus fuerzas,
al concurso de sus hijos
y a las glorias estupendas
que ha conquistado en el arte,
el patriotismo y las letras.
Aquí brotan en almáciga
literatos y poetas,
artífices y guerreros,
y las hembras son más hembras,
por virtuosas y garridas;
y, aunque hipérbole parezca,
hasta el sol alumbra más
y por eso más calienta.
Aquí se meció la cuna
de nuestro gran Masageta;
aquí nació el fabulista
máximo de nuestra América;
y el vate que a los jazmines
inmortalizó en sus décimas;
aquí florecieron tantos
y tan sutiles aedos
que el aire está constelado
de madrigales y endechas.

Y qué decir de los héroes
nuestros, que en batalla abierta
combatieron por la patria
con el pundonor por lema?
Y de los varones íntegros
que, desde remotas épocas

hasta los días presentes,
con hidalguía y nobleza
lucharon calladamente
por esta Comayagüela?
Por ellos la sangre mía
acelérase en mis venas
y siento que un viento heroico
circula por mi poema.

-III-

¡Te arrulla el Guacerique que amaba Ramón Rosa,
te salmodia el Río Grande que cantó Juan Ramón,
nunca méjor engaste tuvo piedra preciosa,
oh heroica y visionaria Villa de Concepción!

Ya Marco Aurelio Soto te confió la custodia
de la libertad, símbolo de tu virtud preclara,
y allí en la plaza pública que el céfiro salmodia
la Diosa tutelar te defiende y ampara.

Ciudad de las mujeres gallardas y garridas,
ciudad de los guerreros, ciudad de los poetas,
ciudad que al heroísmo y al ensueño convidas
y los más puros cánones del ideal interpretas.

¡Noble ciudad materna! Que tus viejos penates
a tu porvenir siempre se mantengan adictos,
porque son tus blasones las liras de tus vates
y las recias espadas de tus héroes invictos.

GUILLERMO BUSTILLO REINA
(Peer Gynt)

ÁNGELA OCHOA VELÁSQUEZ (Pinocho Hondureño).
Ganadora del Segundo Premio en verso.

ÁNGELA OCHOA VELÁSQUEZ

La escritora y poetisa Ángela Ochoa Velásquez nació en la pintoresca e histórica ex capital de Honduras, Comayagua, el 4 de mayo de 1885, siendo hija muy querida del sobresaliente hombre público doctor José María Ochoa Velásquez y de doña Felipa Urmeneta.

En su ciudad natal leyó el "Silabario" en la Escuela "Fray Juan de Jesús Zepeda" con las profesoras Olimpia Ochoa y Olimpia Colindres. Su primaria la pasó con las inolvidables maestras: María Mazariegos, María de Jesús Bustillo y Dolores Tejada; concluyó su preparación escolar con la notable educadora, maestra de maestras, doña Rosa de Valenzuela. Después, lecturas sanas y la vida laboriosa y honorable que vivió su progenitora modelaron su espíritu inquieto.

Ángela Ochoa Velásquez, puede decirse sin temores, es algo así como los autodidactas que se instruyen por sí mismos sin el auxilio de profesores. Es una mujer con cerebro de hombre, es una de las grandes intelectuales del país; su labor literaria es vastísima y bien conocida en Honduras y fuera de ella, pues ha colaborado en varios periódicos y revistas del país, firmando muchos de sus trabajos literarios con el seudónimo de "Esmeralda".

Entre sus obras de mérito pueden citarse: "Lotos y Ajenjos", libro de versos y prosas rimadas, y "Homenaje a la Bandera de la Raza". Tiene en preparación varios trabajos inéditos que pronto publicará.

Ángela Ochoa Velásquez es, como dice nuestro gran poeta laureado Luis Andrés Zúñiga: "la inefable mansedumbre del amor maternal y la dulzura y el olor de la miel de las abejas".

COMAYAGÜELA

Tienes la gracia poblana
de tus estampas de fiesta,
y olor de rosa temprana
bajo el ardor de la siesta.

Es tuya la argentería
del plácido Guacerique,
que esconde la brujería
del nombre de algún cacique.

Tienes páginas liliales
en tu afanoso vivir,
y deslumbrante, una estela
que perfuma tus eriales:
(Monseñor Ernesto Fiallos, que en el Cielo está glorioso),
y que por tus hijos vela.

Comayagüela hecha lumbres
de blasones indo-iberos,
que dejaron las costumbres
de señores y escuderos.

Por el laurel exquisito
de tu excelso Luis Andrés,
por tu noble Alonso A. Brito,
músico y poeta a la vez.

Por el talento hecho gema
de don Rómulo E. Durón;
por la picante zalema
de Miguel Ángel Navarro;
por tu floreado mantón
y tu cántaro de barro.

Hermosa Comayagüela,
que el vino de tu alegría
arranca de la vihuela
un torrente de armonía.

Vestida de mil colores
como chinampa festiva,
evocas tiempos mejores
con tu lámpara votiva.

Tus indios guadalupanos
ante el altar de María,
igual que los mexicanos
con su ingenua gritería,
te traen recuerdos lejanos.

Comayagüela gitana,
la navaja en el corpiño,
claveles en la ventana
y ensoñaciones de armiño.

Villa de estampas risueñas
y aleros acogedores,
que vives, gozas y sueñas
con futuros esplendores.

Sueña tus años mejores
del Guacerique al rumor,
y un coro de ruiseñores
te dé su canto mejor.

ÁNGELA OCHOA VELÁSQUEZ
(Pinocho Hondureño)
Comayagüela, D. C., 8 de diciembre de 1950.

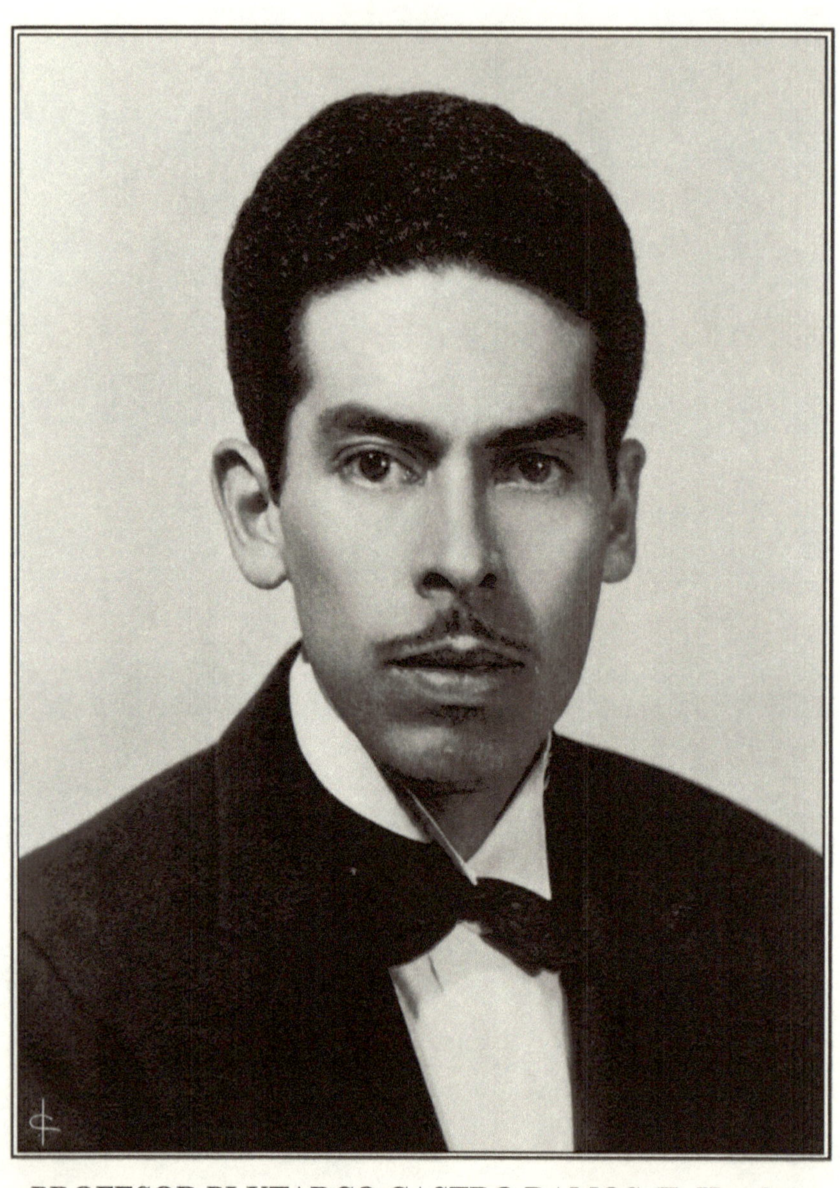

PROFESOR PLUTARCO CASTRO RAMOS (E. Hamlet).
Ganador del Primer Premio en prosa.

PROFESOR PLUTARCO CASTRO RAMOS

El profesor Plutarco Castro Ramos nació en la ciudad de Marcala el 19 de noviembre de 1918, habiendo hecho sus estudios primarios en la Escuela Pública de su ciudad natal; y los secundarios en el Instituto Normal de Occidente en la ciudad de La Esperanza, departamento de Intibucá.

El profesor Castro Ramos trabajó en la Escuela "Álvaro Contreras" de Tegucigalpa como profesor auxiliar, y también en la Escuela "Francisco Morazán" en la misma forma, en donde obtuvo por su capacidad el ascenso de subdirector de la escuela.

Ha colaborado en los diarios "El Cronista" y "La Época", en la "Revista Tegucigalpa", en la Revista de la Biblioteca y Archivo Nacional, y en la Revista de "Educación", en donde escribió Las costumbres de los indios de Intibucá y Yamaranguila, reproducida en la Revista de Educación de Colombia y Venezuela. También escribió la Monografía de la Catedral de Tegucigalpa, que se encuentra inédita.

En 1941 fue declarado "Amigo de México" por los profesores del Colegio Morelos de Monterrey, Nuevo León, México, en donde adquirió un cuadro de honor. Fue invitado por los profesores de Nuevo León para observar y estudiar la escuela rural. Sembró la palma de confraternidad hondureña-mexicana frente al pórtico del monumento que al general Morazán erigieron en el valle de Santa Catarina, frente a la carretera panamericana.

Trabajó algún tiempo en varias oficinas de la compañía en Tela, donde actualmente reside con su familia.

ESTAMPA COLORIDA: ASÍ ES COMAYAGÜELA

No fue mi pupila la que vio tu despertar; en el espejo del tiempo yo conocí tu historial; mas cuando te di aquel adiós, yo no salí tras de amores; no te sientas celosa, ni coqueta joven ciudad; aguarda un instante... ¿recuerdas que allá en La Cuesta, cuando perdí tu silueta, una lágrima emotiva perforó mi corazón? No te apures, no te excites, ya verás lo que te mando; ¿piensas que es bonito? no. ¿Crees que es valioso? no. Este es un obsequio, sí, pero no lo que tú crees; no es perfume del Oriente, ni diamante del Transvaal; ni una alfombra de Cachemira; es tu vieja estampa, retocada en mi jacal.

DESCRIPCIÓN

Ya de tus viejos faroles y tus candiles de gas, que como luceros rasgaban la oscuridad, de tus frías callejuelas, cuando era llegada la temporada pascual; solo queda hoy el remedo, en la vibración de cocuyos, que riegan como lentejuela las sombras del amatal; de esos amates torcidos, que se agachan para oír la canción del Río Grande, cuando va con rumbo al mar.

De tus cuatro casitas blancas, que semejaban palomas comiendo dentro de un maizal, no se ven... no se distinguen... ya en los senderos no hay flores, ni de tapa, ni de cardos, ni silvestres margaritas; ni en la orilla de la acera, ni en la esquina del solar.

No preguntes de la alondra, del zorzal, ni del jilguero; ellos han huido... no hay ramaje, no hay verdor, su trinar calló... hasta los baños del río, se secaron sus pozas con el aluvión.

Ya no se ven arrogantes caballeros con bastón de pomo, cuello duro y su mostachón; ni se oye el frus frus del vestido almidonado de la joven al pasar.

Sí, todo ha cambiado, pero qué grato y feliz es evocar el dulce recuerdo del ayer pasado, así como se añora siempre, con lágrima furtiva, la incomparable dicha de toda niñez.

De tu extensa planicie, que según la leyenda, al secarse un lago se formó, ciñen la cintura con empeño y sin ceder dos altivas moles; una, la del Este, por su forma es una pretensión del Corcovado, aunque en su cima no se yergue el Cristo del Amor; pero se guarda en sus laderas socavado el palacio del deporte, el Estadio Nacional. La otra altura, la que indica al astro rey su despedida, más parece de Sipile un costado de Belén; sus casitas cual peldaños; sus jardines empinados; sus bandadas de palomas y sus cabras sin pastor.

Ahora, en los tiempos modernos, en actitud señorial, vas desenvolviéndote luego desde el Norte para el Sur. Mesa de gala pareces, vista desde un avión; o un damero en el trazo, o un juego de ajedrez.

Casas chicas, casas altas, como la torre, el peón, el alfil; así parecen los techos, de donde se aprenden las artes, o ingeniería, o pintura, o táctica para guerrear. Están enlosando tus calles, desde el Obelisco hasta el Mallol; engalanando tus parques, La Libertad y el Colón. Están creando más escuelas, fábricas a todo mover; desde fósforos El Gato, hasta el enervante licor. Hay en el hotel gran confort; en el restaurante, buen guiso; en La Magnolia, el buen refresco; en el cine, diversión; en el salón, la guitarra y en la alcoba, bellas niñas ruborosas que en su gracia y su perfume rivalizan al jazmín, a las blancas azucenas o al encarnado clavel.

Allá por la esquina del parque, donde está el niño del manantial, me escondí tras de los juncos para ver pasar a los escolares a prisa, empujón tras empujón; a los novios que despacio se remiran en su amor; a las mujeres devotas, con su chinela lustrosa, que caminan con fervor. Autos que van, buses que vienen en continuo trajinar; ¿para dónde van? ¿de dónde vienen? en febril agitación, andan buscando, Señor, los medios para vivir.

En la Iglesia de Concepción, desde la torrecilla más alta, el taciturno sacristán suena la primera campana, la que eleva el La Mayor; es el Ángelus que anuncia, es el toque de oración; la renunciación del día, el advenimiento de Venus y de la Cruz del Sur.

De tus hijos hay razón que te sientas orgullosa, desde el pobre hijo labriego hasta el mejor doctor; unos ya no existen, como el gran doctor Durón; otros se te han ido, como Valle el Embajador; pero sí te cuidan con mimo y no se apartan de tu lado los de tu predilección; don Manuel que nos da buena salud; don Alfredo que sabe la ley; don Gonzalo que escribe moral; y con Luis Andrés, el que se ganó el laurel, es el hombre de la lira, que con el genio de su verso y la gracia de su fábula inmortalizó tu corazón.

De tus fiestas más hermosas es la Feria de Concepción; es el 7 de diciembre la llegada del heraldo, con trompetas y campanas, con sus cohetes y petardos, con su música de banda y el rugido del cañón. Ya la gente queda nerviosa, que todo lo quiere ver; unos dejan de comer por ir a la procesión.

Desde el 8 hasta el 23, es un mar de bullicio y novedad; la reina que se corona, las marimbas a todo tocar, luces de mil colores, como en la propia Bengala, y gentes en gran cordón. Muchos arcos engalanan la llamada Calle Real, y de balcón en balcón, como mariposas al viento, vuelan las cortinas sin cuento, algunas de raso y tul.

Actos cristianos los hay; primero van los ciriales y en pos el capellán; van llevando la patrona de un altar a otro altar; es que los han arreglado con premura y con afán; y es la Salve Regina cantada como bendición en cada hogar. Todos se ven satisfechos, regresándose a sus casas; no es que van a descansar: irán a cambiarse de trajes para salir de nuevo a gozar.

Ya en la plaza es nueva vida, con profanas diversiones a granel; unos juegan la ruleta; otros bailan, saltan con febril temblor; son las danzas nuevas, congas y mambos, señor. Chiquillos al carrusel; los mozos beben cerveza; las chicas comen pastel; el viejo toma su ponche y la señora su tamal.

A la rueda de Chicago, al partido de fútbol, a las carrozas bien formadas, a la sala de exposición. Y si no basta todo esto, hay otras cosas que ver, tardes como en Madrid, con música sevillana, en la gran plaza de toros; a gritar a un Manolete, que está presto a lidiar; hay también concursos de aficionados en los estudios radiales; o torneos para prosistas y de poetas al final; así pasan los días de la Feria Patronal, todo en orden, todo en bulla, en confusión y alegría, hasta que por fin se llega a la Natividad de Jesús.

PLUTARCO CASTRO R.
(E. Hamlet).
Tela, Atlántida, diciembre de 1950.

PROFESOR HERNAN CASTRO COELLO (Hugo Castro).
Ganador del Segundo Premio en prosa.

PROFESOR HERNÁN CASTRO COELLO

Él nació en La Venta, pueblo del sur del departamento de "Francisco Morazán", el 30 de octubre de 1921, siendo sus progenitores el ciudadano don Germán Castro y doña Elisa Coello de Castro.

Hizo sus estudios primarios en Sabanagrande y los secundarios en la Escuela Normal Central de Varones de Tegucigalpa, hasta obtener el título de Maestro de Enseñanza Primaria Urbana, en febrero de 1936. Después cursó estudios de Bachillerato en Ciencias y Letras en el Instituto Normal "San Miguel" de Comayagüela, graduándose en 1944. Enviado a la República de El Salvador, en un canje de maestros por el Gobierno de Honduras, en 1938. En 1949 fue Oficial Mayor del Ministerio de Educación Pública.

En 1947 ganó el Primer Premio en un certamen promovido por el Instituto Hondureño de Cultura Interamericana, entre universitarios, sobre "Influencia de la Universidad en el Desarrollo Cultural de Honduras", en ocasión del Primer Centenario de la Fundación de la Universidad de Honduras.

Desde 1944 hasta febrero de 1950 hizo estudios de Medicina, los que abandonó por falta de recursos económicos. Actualmente cursa el Primer Año en la Facultad de Ciencias Jurídicas y Sociales, desempeñando al mismo tiempo los puestos de inspector de las escuelas urbanas del Distrito Central, profesor en la Escuela de Clases de Casa Presidencial y subdirector de la Escuela de Adultos "José Vasconcelos" de Comayagüela.

Por no haber dejado copia el profesor Hernán Castro Coello de su magnífico trabajo en prosa intitulado "Evocación Turística y Perfil de Comayagüela", que mereció el Segundo Premio y un DIPLOMA DE HONOR, no nos fue posible, como eran nuestros deseos, publicarlo, limitándonos a insertar su fotograbado y algunos datos biográficos del talentoso profesor Castro Coello. **—Nota del encargado de esta publicación, R. R. Z.**

EMMA SARMIENTO DÍAZ DE MOYA POSAS
(Francisco de Silvara).
Premiada con "MENCIÓN HONORÍFICA".

EMMA SARMIENTO DÍAZ DE MOYA POSAS

Doña Emma Sarmiento Díaz de Moya Posas nació el 28 de diciembre de 1915 en San Esteban, pueblo del departamento de Olancho, situado en el pintoresco Valle de Agalta.

Fueron sus honorables padres don Alejandro Sarmiento Méndez, ya fallecido, y doña Ramona Díaz Midence de Sarmiento, que vive todavía, para felicidad de su muy culta e ilustrada hija.

A los 14 años empezó a escribir, pero considerando que, para complementar una natural disposición, el estudio de la técnica es decisivo en el perfeccionamiento de todo arte, se dedicó a conocer a los maestros de la literatura universal. Hace 3 años que esta bella y culta señora ofrece las primicias de su jardín, colaborando en los órganos publicistas de Honduras: "El Día", "Nuestro Criterio", "El Atlántico", "El Sampedrano", y en las revistas: "Pan América", "Tegucigalpa", y también en una de Cuba, otra de San Salvador y otra de Puerto Rico.

No ha publicado ninguna obra, pero tiene listo su libro de poemas para darlo a la estampa oportunamente. Ha conquistado un trofeo en los torneos literarios de la prosa y una Mención Honorífica en los de la poesía. Su tiempo lo distribuye equitativamente entre los quehaceres del hogar, los libros y la música.

Es esposa amantísima del abogado Horacio Moya Posas y tiene una bellísima hija, Ruth, que es el encanto del hogar.

MI ABUELA CONCEPCIÓN

Abuela: para cantarte
no preciso ir a ruletas,
llevando el interrogante
a las furtivas sorpresas,
que bástame contemplar
en tu múltiple silueta
la gloria tradicional
revivida por tu feria.

Te miro así, mi morena,
joven, alegre, gallarda,
dejando atrás a la abuela
que de silencios desmaya.

Tejidas tus negras trenzas
con cintas color de fuego,
y ataviada con preseas
que dejaron tus abuelos;
blusa como las espumas
y la pollera de vuelos,
y en tu loca pandereta
los sentires de mi suelo.

¡Oh gitana pinturera!,
la de la gracia castiza,
la que nos devuelve en gozo
la legendaria sonrisa,
y aviva nuevos rescoldos
en las dormidas cenizas,
y lleva con sus oráculos
las emocionales dichas.

Y por magia retornaste
a ser la elegante dama
que, entre doncellas y pajes,
va como una soberana,
y al compás de los laúdes
evoca con la pavana
los movimientos gentiles
de la madre castellana.

En las tardes incendiadas
por crepúsculo escarlata,
reina de indecible gracia
fuiste en la fiesta brava,
luciendo de sevillana
la mantilla y las ajorcas,
como la moderna maja
en eternidad de Goya.

Todo esto es despertar,
Concepción, mi musa indiana,
a grandezas de Votán
y a las glorias hibueranas,
el tronco que hace brotar
esta visionaria rama,
que estalla en flor pasional
por adherencias hispanas.

Y ya de india y de gitana
o de la noble española,
Comayagüela romántica,
la de fantasmales rondas,
serás entre la agitada
función modernizadora
la señorial antañona
de glorificada historia.

Hoy te fatigas, abuela,
pero no importen desmayos
cuando vives en tu feria
tu presente y tu pasado,
contando por castañuelas
los secretillos lontanos
de romanzas callejeras
con címbalos toledanos.

Saboreaste en la plaza
los pastelitos de perro,
en los humos del champaña
tus quiromancias ardieron,
y un hijo de las praderas,
con el salero gallego,
te ofrendó rosas tempranas
en castizo romancero.

¿Cómo no haber paladeado,
con fruición tan religiosa,
ese brebaje exquisito
que de tu lagar dimana?
Eres el añejo vino
que el corazón nos abrasa,
el "cante jondo" tu signo
y el martirio de tu casta.

Mañana, dulce morena,
tornarás a ser abuela,
con las costumbres aldeanas
y las alegrías en siesta,
atisbando la cuadriga
de las tercas hilanderas
por esa red herrumbrada
de tu moruna cancela.

Con amor he perseguido
todas tus actuaciones;
fue tu pasado oro fino,
contenido en los carcajes
de tus hijos pensativos;
tu presente, este miraje
que deslíe un canto vivo;
y tu futuro... Dios sabe.

Emma Moya Posas
(Francisco de Silvara)
Comayagüela, D. C., diciembre de 1950.

ESCRITOR SALVADOR TURCIOS.
(Jacinto Canizales).
Premiado con Mención honorífica.

SALVADOR TURCIOS RAMÍREZ

Salvador Turcios Ramírez es nativo de la ciudad de Comayagüela, a la que ha prestado siempre, patrióticamente, su cooperación desinteresada para su progreso cultural, moral y material en diversas ocasiones. Nació el 6 de agosto de 1886.

Salvador Turcios Ramírez es un brillante escritor, historiador, crítico y poeta, que cultiva con éxito casi todos los géneros de poesía. Entre sus obras en prosa, escritas con facilidad y sólida erudición, descuellan:

1.-"Reflexiones", folleto político.

2.- "Libro Araujo", editado en colaboración con el Doctor José Dolores Corpeño.

3.- "Al Margen del Imperialismo Yanqui", en 1914.

4.- "El Prócer Doctor José Matías Delgado", estudio laureado con la Medalla "GAVIDIA" de Primera Clase, en San Salvador, República de El Salvador, en 1916.

5.- "Plan de Trabajo" de la Municipalidad de Comayagüela, en 1925.

6.- "Apuntes Biográficos" sobre la personalidad de Paulino Valladares a través de los años, en 1926.

7.- "Conociendo la Historia Patria". Crónicas Históricas. Tomo Primero, en 1942. Esta obra es interesantísima; todos los hondureños deberían tenerla en su biblioteca, porque es un luminoso trabajo de investigación erudita sobre la vida y muerte del Héroe Máximo centroamericano Francisco Morazán.

8.- "Libro de los Sonetos". Cien Sonetos.

El Bachiller Turcios Ramírez tiene varios libros inéditos, listos para publicar, cuyos títulos son los siguientes:

1.- "Nuestro Servicio Consular".

2.- "Conociendo la Historia Patria". Crónicas Históricas. Tomo Segundo.

3.- "Apuntamientos para la Historia de Comayagüela".

4.- "Prosas Homeopáticas".

5.- "Honduras Folklórica".

6.- "Los Pueblos en Derrota".

7.- "En el País de las Paradojas".

8.- "Alma Latina" (Versos).

Ojalá hubiera en Honduras un "Mecenas", es decir, una persona poderosa o empresa editora que proteja a los hombres de letras; o en otras palabras, un amigo y protector de las letras y de los literatos, así como el propio Cayo Cilnio Mecenas, favorito de Octavio Augusto, que empleó su valimiento y sus inmensas riquezas en favorecer las letras y las artes, y protegió, entre otros, a Virgilio, Horacio y Propercio. ¿No habrá un hondureño u hondureños que quisieran contribuir para la publicación de dichos libros, que son de interés nacional?

FOLKLORE DE COMAYAGÜELA: EL TESORO DE LA CUEVA DE LA CHORRERA

Por Jacinto Canizales

Y aquella mañana dominguera, fresca y primaveral, el fecundo anciano de las charlas pintorescas y sugerentes del cálido folklore de los nativos lares, nos hizo este interesante relato:

—Hace muchísimos años que se guardaba en el Archivo del antiguo Ayuntamiento de Comayagüela, el expediente que se formó en uno de los juzgados de esta población, allá por los años de 1812 a 1813, para esclarecer el desaparecimiento de dos hombres que fueron sirvientes, durante mucho tiempo, de los ricos españoles don Jorge y don Ramón de Montoya, que fueron los primitivos propietarios de la conocida "Hacienda de Guacerique", que dista de esta capital como unas tres leguas, hacia el rumbo suroeste.

—Reza la tradición que los hermanos Montoya eran tan ricos que asoleaban sus inmensas cantidades de oro y de plata en los patios de la Hacienda, extendidas sobre cueros, y las guardaban después en viejos arcones y grandes vasijas de barro.

—Los propietarios de la Hacienda tenían dos criados de confianza, fuera de los numerosos trabajadores que ocupaban en sus faenas agrícolas y pecuarias, y eran aquellos criados, precisamente, los que empleaban en las labores que requerían una completa reserva, por lo cual los trataban con la más amplia consideración en sus diarias y constantes relaciones.

Por aquella época ya había prendido en los pueblos hispanoamericanos la chispa de la Revolución Emancipadora; y, en estas apartadas regiones centroamericanas también ya se notaban los primeros síntomas de Independencia. Parece que por esta y otras circunstancias, los hermanos Montoya dispusieron hacer un viaje a su patria, y trataron, naturalmente, de asegurar su cuantioso capital para disponer de él, de la mejor manera, a su regreso.

Y el buen narrador de este cuento mil y una nochesco, como queriendo hacer más patético su relato, se paseaba nerviosamente para darnos este dato fundamental:

—Mi padre, sí, mi padre, tuvo en sus manos y leyó el proceso de los hermanos Montoya, y puedo asegurar que es absolutamente cierto lo que ahora estoy diciendo—.

Los hermanos Montoya, como es lógico suponer, conocían perfectamente bien los grandes terrenos de su Hacienda, bañados en una considerable extensión por el Río Guacerique, de donde esta tomó su nombre, y acordaron guardar escrupulosamente su gran tesoro en "LA CUEVA DE LA CHORRERA", la que habían arreglado especialmente, y la cual se llama así porque queda frente a la margen derecha de la Quebrada de este nombre que, juntamente con la Quebrada de "Guaralalao", son afluentes del Río Guacerique.

Esta cueva, que probablemente era muy extensa y de regular altura, fue en parte aterrada y dividida, al parecer, por un muro de cal y canto, pues presenta un boquete hecho por la mano del hombre y por el cual bien puede introducirse una vara bastante larga y no se le encuentra fin.

Ya lista aquella, convenientemente, como hemos dicho, procedieron con sus dos criados a trasladar el tesoro, de la casa de la Hacienda hacia la Cueva, llevándolo en bestias, durante varios días, con todo el sigilo posible para no ser descubiertos por personas extrañas.

El último día en que terminaron su trabajo, los hermanos Montoya dieron muerte a sus dos sirvientes, que tan fielmente les habían ayudado, siendo por lo mismo poseedores del secreto, dándoles sepultura en la misma cueva, y con el fin, indudablemente, de garantizar todo lo posible la propiedad de su tesoro, a su regreso de España.

También se afirma que anduvo acompañándolos en el traslado del tesoro un niño que era deudo de uno de los criados, el que logró fugarse en el momento de cometerse el crimen, y fue el que, ya siendo hombre, lo refirió, y por eso se siguió el correspondiente informativo en el Juzgado Colonial de Comayagüela.

Los hermanos Montoya emprendieron su viaje, del cual no regresaron, pues se supo que don Jorge murió en su patria, poco tiempo después de su llegada, y don Ramón, que fue atacado por la fiebre amarilla, a su regreso, falleció en La Habana.

Allá por los años de 1884 a 1885, se intentó por un grupo de personas de Tegucigalpa y de Comayagüela dar con el codiciado tesoro, y, al efecto, hicieron varias excursiones a "La Chorrera", y se valieron para ello de los recursos del espiritismo, comprobándose por medio de él, decían los interesados, que efectivamente allí estaba depositado, y para convencerse penetraron a la cueva cuatro de los más resueltos, teniendo que hacerlo en posición difícil, arrastrándose, dos adelante y dos atrás, yendo armados de machetes y revólveres, para defenderse de la posible agresión de alguna feroz alimaña que allí pudiera guarecerse, y llevando encendida una vela amarrada en una vara larga y fuerte, que les servía de guía en aquel oscuro laberinto.

Al recorrer en aquella posición, como unas treinta varas, se encontraron con el muro de cal y canto y con el boquete ya mencionados, y para comprobar su naturaleza lo alumbraron detenidamente, dejando la vela encendida en la vara, dentro de aquella abertura, regresando en la misma forma como habían penetrado, pero con la rapidez que pudieron, porque manifestaron que habían oído un bufido que creyeron sería de alguna pantera que estaba en el interior, a lo que dijeron los otros excursionistas que había sido el bramido de un toro que pastaba en una colina enfrente de la cueva.

Todos ellos, que sumaban como veinte, entre hombres y mujeres, al salir de la cueva sus compañeros, se pusieron a deliberar sobre las peripecias de la aventura, y los entendidos en las cábalas espiritistas resolvieron volver a magnetizar a la médium que llevaban y evocar los espíritus de los hermanos Montoya, a efecto de saber si estaban dispuestos a concederles el ansiado tesoro; pero resultó que aquellos contestaron —nos dijo enfáticamente nuestro narrador— que se lo darían únicamente a mi padre.

Habiendo regresado a la ciudad muy desconsolados, trataron de convencer al buen señor a quien los espíritus de los hermanos Montoya estaban resueltos a conceder su tesoro; pero resultó que aquel noble indígena les contestó sencillamente:

—Yo no tengo que andar buscando tesoros que no he guardado y que no he formado con mi trabajo.

Después, comentaban algunos de aquellos buscadores de tesoros, que esa clase de entierros, cuando han pasado muchos años, quedan empactados y pertenecen al Diablo.

Esta tradición, bien podemos considerarla como un recuerdo familiar, pues el inolvidable anciano que nos la relató aquella dichosa mañana de primavera, riente y divina, nos dijo alegremente, pocos meses antes de morir:

—¡Aquí tienes el croquis exacto de la Cueva que guarda el tesoro de "La Chorrera", por si alguna vez llegas a creer en entierros de tesoros que pertenecen al Diablo!...

SALVADOR TURCIOS R.
(Jacinto Canizales)
Comayagüela, D. C., 8 de diciembre de 1950.

PROFESOR ARMANDO CERRATO VALENZUELA
(Zulema Arce).
Ganador de una Mención Honorífica.

PROFESOR ARMANDO CERRATO VALENZUELA

El escritor y periodista Cerrato Valenzuela nació en la ciudad de Comayagüela, el 12 de julio de 1915, siendo sus honorables padres el Maestro Músico de Capilla don Medardo Cerrato Valle y doña Manuela Valenzuela de Cerrato, ya difunta.

Sus estudios primarios los hizo en la Escuela "Comenio" de la Profesora Angélica Reconco, y en la Escuela "Lempira", ambas de Comayagüela, y los secundarios en la Escuela Normal Central de Varones, hasta obtener el título de Profesor. En el Colegio Salesiano "San Miguel" se graduó de Bachiller en Ciencias y Letras, y en la Facultad de Derecho, hasta la obtención del título de Licenciado en Jurisprudencia y Ciencias Sociales.

Ha laborado en la enseñanza primaria, y ahora en la secundaria. Se inició en el periodismo en 1929, en el semanario "El Amigo del Hogar" que dirigía el escritor salvadoreño don Leonidas Guardado Serpas. También ha colaborado en diarios, revistas y semanarios de Honduras, dirigido semanarios y redactado revistas en Tegucigalpa y en la Costa Norte. Actualmente está dedicado a su profesión y al periodismo activo.

Se ha dedicado a la investigación histórica, habiendo publicado seis fascículos. Ha obtenido dos primeros premios en un concurso nacional y otro de la Feria de Concepción, y últimamente una Mención Honorífica en el "Certamen Literario" promovido por el Comité de Festejos de la Feria de Concepción de Comayagüela. Sociedades culturales de México y de la América del Sur le han otorgado diplomas. Es miembro de más de 15 instituciones culturales de Honduras, y ha tomado cursos especiales de antropología y arqueología maya.

EXALTACIÓN DEL AMOR MATERNAL EN EL PASADO Y EN EL PRESENTE DE COMAYAGÜELA

Con ese profundo sentimiento de quien ha nacido en el corazón del propio corazón de la amada Comayagüela, es que participo en este

Concurso, para exaltar lo que tantas veces he exaltado, para repetir frases de lo que tanto amo y he amado; de lo que tan hondamente llevo en mi corazón. Es que evoco la ternura de mi tierra al calor, vivido en mí, de su pasado, de su presente y de su futuro, porque yo mismo me creo parte de ese pasado, que ayudaron a forjar mis mayores; de su presente, al que he dado energías intelectuales, y de su porvenir, que es la vida misma de mis ancestros a través de soplos magníficos de visión. Es parte de mi entraña esta dulce tierra de Comayagüela, a la que cubre el cielo más azul de Honduras.

Me solaza la leyenda, porque es el alma del pueblo que sueña, quiere y teme. Pero más me gusta la historia, porque nos dice la verdad.

Exaltaré a mi amada Comayagüela al través de su historia, que conozco en su amplitud y en su intimidad. Creo que pocas historias hay que nos cuenten tantas maravillas de lo que vale el hacer humano puesto en conjunción de ideales y de motivos concretos.

A la lejana peregrinación que llegó a este vallecito lleno de luz y de espinos, siguió el asentamiento de un caserío inquieto, quizá ajeno a sus propios intereses materiales para dedicar sus afanes al servicio de los españoles que en la Taguzgalpa buscaban, afanosos, lo que llamaban su oro y su plata, y que en sus minas crecían como las pepitas de los agros choroteganos.

Los inmigrantes de Jano o Lejamaní le pusieron por nombre Comayagüela, perdiéndose su título primigenio, que creo es hermoso, lúcido y expresivo, como expresivo, lúcido y hermoso es lo que proviene del lenguaje de los mejicanos, que aquí nos trajeron elementos idiomáticos de aztecas y mayas, en su cambiante ruta por los caminos del Imperio que abarcó a Copán.

Pero los que después llegaron sembraron, sobre la tierra negra, la Cruz de la Redención, y para contenerla, una ermita que se vestía de bahareque en terrenos entre las Avenidas Primera y Segunda. Allí también tuvieron su cementerio, y más de alguna reliquia funeraria ha aparecido en trabajos posteriores.

Después, en esa expansión tan natural, la Comayagüela levantó casuchas en lo que ahora se llama Avenida "Marco Aurelio Soto", hasta las cercanías del Parque La Libertad, y en las primeras manzanas de la Primera Avenida. Esta fue la Comayagüela de hace cuatro siglos. Luego, se extendió hacia donde está el Mercado San Isidro y el Centro, por la Tercera y Cuarta Avenidas. Generaciones vibrantes que dejaron sus cenizas en los cementerios de Las Crucitas y de Sipile, en fuga hacia las alturas.

Exalto aquí algunos de sus hechos. La construcción de la Iglesia, esfuerzo de acción que solo da la fe y el cariño del Padre Márquez. "Esta casa es casa de oración y de rogativa a tu pueblo". Y se le puso bajo la advocación de la Concebida, aunque entonces no tuviera su fiesta patronal, porque el Padre Márquez repetía que mucha era la "desazón de los hombres".

No fue sino hasta 1849 que la Municipalidad nativa pidió su Feria, y con su Feria su Patrona, y con su Patrona, la fe perdurable en Dios. Y no fue sino hasta la última década del siglo pasado que el Obispo Vélez le reintegró su Parroquia, gracias a esfuerzos ciudadanos y dignos. Y no fue sino hasta los últimos años que se respetaron sus terrenos y se evitó que en ellos se hicieran corridas de toros, las espadas del ruedo. Se han levantado ahora nuevos edificios, y la fábrica de la Iglesia luce esplendorosa, como lo habían querido don Hermenegildo Valle y el Padre Trino Maradiaga.

Exalto también a los indios que en jaque pusieron al Alcalde Mallol, y que de las malezas de Santa Lucía le arrancaron el decreto de erección del pueblo con su Ayuntamiento. Es que Comayagüela ya daba que decir y que hacer por su tenacidad y levantado heroísmo. Más lo habría de dar, cuando numerosos comayagüelas compartieron las glorias morazánicas en La Trinidad y en Gualcho, y en Comayagua supieron de la traición de Justo Milla.

Exalto el recuerdo de mis antiguos padres que con la fuerza del lazo, que menos por su afección, trabajaron en la construcción del puente Mallol, bajo los rayos cálidos del sol que parecían descender perezosos del cerro El Picacho. Estas páginas están casi inéditas, como inéditos quedarán los nombres de muchos que allí sufrieron el látigo del caporal de las fincas españolas, ahora ordenanza de los trabajos.

Exalto —¡Gloria para Comayagüela!— el recuerdo imperecedero de los municipales que con su Alcalde de Vara, en septiembre 28 de 1821, pasaron el puente hacia Tegucigalpa, en unión de numerosos vecinos, y que ante el Edificio del Ayuntamiento vivaron a la independencia, cuando Dionisio de Herrera, emocionado, leía el acta inmortal de la Adhesión. Solo un historiador de Comayagüela se ha referido a este hecho, de modo patético, entusiasmado.

Exalto también el recuerdo de los hombres que en 1849 se dirigieron humildes ante el Jefe del Estado, para pedirle que su pueblo fuera ascendido a Villa y que les otorgara su Feria. Entonces —claro, 1849— Comayagüela contó sus alegrías dicembrinas, llenándose de júbilo el espíritu de don Gregorio Turcios.

Exalto, además, a los comayagüelas que en 1879 fueron a Omoa a darle batalla a los filibusteros, y donde Erasmo Velásquez, general de brillos en sus galones, se cubrió de gloria y de honor a su pueblo.

Exalto el amor que siempre los comayagüelas han tenido por su patria diminuta, comprobado en 1890, cuando se pretendía fusionarla con Tegucigalpa. Aquí renacen los heroísmos dormidos, desde el tiempo de Morazán y de Ricardo Streber, de los indios de La Cuesta. Y exalto la fidelidad de los comayagüelas al doctor Soto, aun contra el peso de las armas del general Bográn, que quiso someterlos. Y exalto, indignado ahora, la cruel persecución de que mis mayores fueron objeto en tiempo del general Domingo Vásquez, quien frente a la Iglesia dejó tendidos a preciados hombres de honor.

Exalto, en fin, de ese pasado que no ha quedado ignorado por la virtud escudriñadora de nuestros historiadores, los trabajos emprendidos para levantar el primer Mercado público; para construir el parque La Libertad, el edificio de las Escuelas Públicas, el Cabildo Municipal, el puente Guacerique, para levantar el plano de la Villa, y tantos otros, tan notables en nuestro historial.

Pero sobre todo exalto el mármol de la democracia que fue erigido en homenaje a Comayagüela por Marco Aurelio Soto, la estatua de la Libertad, simbolizada en una diosa, que ha sido nuestro norte en la búsqueda de la autodeterminación, de lo que llamamos autonomía.

Todo ese pasado glorioso es base del presente, del hermoso presente. El pasado luminoso, las enseñanzas de nuestros abuelos han de servirnos para continuar en el camino del progreso, siempre ennoblecidos por el cariño a esta tierra que adoramos.

EXALTACIÓN DEL PRESENTE

Contemplo por doquiera cómo la paz cubre con su ala esta nidada de hombres y mujeres de bronce.

Hombres y mujeres que se están abriendo el camino de la superación. Diciendo: más adelante o más arriba. Nunca: atrás o más abajo.

Es un concierto unánime de voluntades, por lograr su bienestar, el bienestar de la ciudad y la bonanza de la nación.

Y se comprueba este concierto en todos los órdenes de la humana actividad.

CULTURAL, con la siembra provechosa de la enseñanza que aquí iniciaron, en renglones definitivos, los buenos y puros Padres Salesianos, en cuyo regazo escolar pasé varios años y por donde ha pasado y pasa una juventud inquieta y que siempre les está agradecida. Cultural por las proficuas maneras de divulgarse las luces de las letras y las artes en la educación primaria y en los talleres y estudios de la Escuela Nacional de Bellas Artes. Con sus centros culturales y por su Facultad Universitaria. Cultural por ese levantamiento de educación que estamos presenciando y que ha de llevar muy lejos a los inquietos indios de Comayagüela. Cultural también por la presencia de algunos centros de expansión, aquellos que cultivan el espíritu y unen esfuerzos bienhechores. Ajenos han de ser siempre en este movimiento de cultura, sin embargo, algunos centros malsanos, donde el alma se enferma y se insensibiliza al dolor humano.

RELIGIOSO, porque un pueblo que no cree en Dios es un pueblo muerto, condenado al materialismo que no contribuya a la exaltación de las cuestiones más preciosas de la humanidad. Comayagüela es un pueblo creyente. ¡Bendito sea! Y lo comprueba a cada momento. No es fanático pero es sincero en su fe. A través de su historia sus creencias religiosas afirmaron su gloria. Creyentes con fervor y pureza fueron nuestros abuelos. A muchos vi arrodillados en la Santa Iglesia, pidiéndole a la Patrona el milagro de su bienaventuranza; y ahora veo que jóvenes y viejos llenan el sagrado recinto para pedir las bendiciones del cielo, y que ellas caigan sobre todos los hogares de la tierruca.

MATERIAL, por el poder que da al brazo honrado de nuestros obreros la escuadra y el cincel, el martillo y el yunque. Todos dedicados a la labor consagratoria del trabajo, que redime y surte de bienandanza a los hogares humildes, que así saben del pan sabroso y que cuesta el sudor de la frente. Material por ese crecimiento notable de la ciudad, por todos los rumbos, y que ha hecho posible que rodee a la ciudad de los muertos con hálitos de vida. Que siempre haya respeto por las cenizas de nuestros mayores. Material por las innumerables modernas construcciones que van desplazando las viejas casonas, tan queridas por el recuerdo y que nos duele abandonarlas a la furia del modernismo.

ECONÓMICO, porque ya vemos cómo el pueblo, con sus ingentes necesidades, acrecienta sus ingresos. Pero lo más notable y como una consecuencia del trabajo: nuevas formas de actividades y el perfeccionamiento de las antiguas. Al humilde taller suple la fábrica. Nuestras gentes encuentran ahora más maneras de vida, y esta es una forma de la civilización.

SOCIAL, especialmente por esa democracia que aquí siempre se ha dejado sentir. Democracia porque no se presencian las desigualdades sociales, tan perturbantes para la concordia humana. El hombre honrado es respetado y tenido en estima de la comunidad. El hombre de trabajo tiene su puesto firme y apreciado. Múltiples agrupaciones hacen más posible esta manifestación de la plena convivencia. No ha quedado en el olvido, pues, aquel sentimiento de hermandad que unió en estrecho consorcio y perdurable amistad a los vecinos de la Villa. Este presente nos hace avizorar un futuro esplendoroso, tan ansiado, tan anhelado.

EXALTACIÓN DEL FUTURO

Quizá nuestros hijos o nuestros nietos gozarán el futuro que tanto suspiramos. Los actuales hombres y mujeres de Comayagüela somos aquel futuro que soñaban nuestros padres y abuelos. ¿Estarán complacidos ellos en la entraña de la tierra? Esperar... más que esperar, soñar. Ese mismo sueño que inspiró a Adams y que realizaron los esforzados hijos de los Estados Unidos anglosajones.

Si el amor que guardamos para Comayagüela pudiéramos transmitirlo a nuestros hijos y nietos.

Como a mí me lo transmitieron mi abuelo y mi padre. Como se lo transmitieron los suyos a Salvador Turcios P., a Alonso Alfredo Brito, a Rafael Heliodoro Valle, a Jorge Fidel Durón.

Un futuro que no nos haga más ricos o más pobres, pero sí más nobles, más patriotas, más amantes de la tierruca, si más se puede querer a la dulce Comayagüela.

Te sueño, noble ciudad, no con la vanidad de las galas materiales únicamente.

Te sueño más culta, más civilizada, más humana.

Te sueño autónoma, porque tienes este derecho.

Te sueño con tus numerosas escuelas, facultades universitarias, museos, institutos, talleres.

Te sueño renovada. Brillantemente renovada.

Te sueño con una sociedad digna, cristiana. Una ciudad donde la vida sea amable, donde la vida se quiera vivir. Donde la complejidad de las relaciones y de los intereses no sean motivo para quebrantarte.

Así te sueño —cara Comayagüela—. Con las más grandes de las esperanzas.

El que esto escribe, tierna ciudad, no merece nada. Pero tú lo mereces todo: nuestro amor, nuestros esfuerzos, nuestros sueños. Tú debes ser siempre radiosa, siempre adorada.

Que estas palabras que nacen de mi corazón y de mi alma sean para ti el más encendido de mis homenajes.

ARMANDO CERRATO VALENZUELA
(Zulema Arce)

BACHILLER OSCAR ACOSTA Z.
(Adolfo Rosales)
Ganador de una Mención Honorífica

POETA ÓSCAR ACOSTA

Óscar Acosta es un joven poeta de ritmo sonoro y estilo brillantísimo, de quien la Patria espera mucho más; por su dedicación al estudio y a las letras, se ha conquistado no solo la admiración y simpatía, sino también honores muy merecidos.

Primer Premio en el Concurso Literario "José Trinidad Reyes" en el Instituto Nacional de Tegucigalpa en 1950. Premio en el Concurso Literario patrocinado por la Mesa Redonda Panamericana, Sección de Honduras, sobre la personalidad del General Francisco Morazán en 1950.

Óscar Acosta es redactor de la Revista "TEGUCIGALPA". Director del quincenario "VOZ ESTUDIANTIL", órgano de la Federación de Estudiantes de Segunda Enseñanza de Honduras, y actual Secretario de la misma. Ha colaborado en publicaciones centroamericanas, mexicanas y nacionales.

Dos de sus poemas fueron escogidos para figurar en la Antología "VALORES DE AMÉRICA" que se edita actualmente en la Editorial Artística Americana en Montevideo, Uruguay. Actualmente cursa su último año de Bachillerato en el Instituto Nacional de Tegucigalpa, Distrito Central.

No habiendo podido obtener copia de la composición en verso intitulada "Tríptico Sencillo a la Ciudad de Comayagüela" de que es autor el inteligente joven Bachiller y Poeta Oscar Acosta Zeledón, por encontrarse en el Perú, la cual mereció un DIPLOMA, nos complacemos en presentar su fotograbado y algunos datos biográficos. —Nota del encargado de esta publicación R. R. Z.

BACHILLERA ZONIA RAUDALES ALVARADO.
(Cassandra Lavaire).
Ganadora de una Mención Honorífica.

BACHILLERA ZONIA RAUDALES ALVARADO

La señorita Bachillera Zonia Raudales Alvarado nació en la ciudad de Comayagüela, siendo sus progenitores el competente pedagogo don Luis Amílcar Raudales y doña María Alvarado de Raudales.

Hizo sus estudios primarios en la "Escuela República del Paraguay", anexa al Instituto Normal Central de Señoritas, siendo Directora la señorita Profesora Victoria Zúniga Lobo, y Subdirectora la Profesora Carlota García Valladares de Lardizábal. Los estudios secundarios los efectuó en el Instituto Normal "Sagrado Corazón" (Liceo Hondureño), bajo la Dirección de la señorita Profesora María Luisa Herradora Alcántara, en donde escribió varios trabajos en el periódico del Colegio "Voz Juvenil".

Obtuvo el título de Bachiller en Ciencias y Letras, en febrero de 1946, empezando ese mismo año sus estudios de Química y Farmacia en la Universidad Nacional. En 1947 se celebró el primer centenario de la Fundación de la Universidad de Honduras, y con este motivo, el Instituto Hondureño de Cultura Interamericana patrocinó un concurso, en el que debían intervenir todos los universitarios de las distintas Facultades, cuyo tema era: "Influencia de la Universidad en el Desarrollo Cultural de Honduras", habiendo sido premiado su trabajo, que firmó con el seudónimo de "Aurora Dupin".

En 1949 le fue premiado otro trabajo sobre "Leyendas y Tradiciones de Comayagüela", en un concurso patrocinado por el Comité de Festejos, usando el mismo seudónimo de "Aurora Dupin". En 1950 fue premiada con una "Mención Honorífica" por su trabajo sobre el "Pasado, presente y futuro de Comayagüela, o sea su aspecto histórico, cultural y folklórico", firmado con el seudónimo de "Cassandra Lavaire", en el "Certamen Literario" promovido por el Comité de Festejos de la Feria de Concepción de Comayagüela. Es asidua colaboradora de la Revista de Química y Farmacia de nuestra Facultad.

PASADO, PRESENTE Y FUTURO DE COMAYAGÜELA

(YA SEA EN SU ASPECTO HISTÓRICO, CULTURAL O FOLKLÓRICO).

Se cree que a mediados del siglo XVI vinieron los primeros pobladores de Comayagüela. Eran indígenas de origen azteca (mejicanos), que venían del pueblo de Jano, jurisdicción del Depto. de Olancho. Se radicaron primeramente como a cuatro leguas al noroeste de Tegucigalpa, en las montañas de Jutiapa. Después pasaron a habitar el lugar llamado Toncontín (palabra que significa "baile indígena", en el Llano del Potrero). De este lugar se fueron extendiendo poco a poco por las riberas del Río Grande, hasta formar una pequeña población, lo que hoy es Comayagüela.

Los habitantes de Jano tuvieron motivos para venirse a este lugar, y fue las continuas discordias que se suscitaban entre ellos y las tribus Xicaques o Mosquitos que habitaban en el territorio de la Mosquitia.

Cerca del pueblo de Jano había una montaña llamada "La Chorrera", de la cual nacía un río que iba a desembocar al Aguán o Romano. El agua de este río servía a los habitantes de Jano para su uso cotidiano y eran los niños los encargados de traerles el agua. Las tribus Xicaques se robaban a los niños de Jano; varios historiadores creen que esto se debía a que los Xicaques eran aliados de los ingleses que eran enemigos de los españoles, y que se unían para atacar la población de Olancho; otros dicen que los habitantes de Jano idolatraban con cultos sangrientos, inmolando niños en aras de sus dioses y que, para evitarse responsabilidades, hacían culpables a los Xicaques. Esto último no está bien demostrado, pues a pesar de que los primeros habitantes de Honduras eran idólatras, no hacían sacrificios humanos.

El rey de aquel entonces ordenó a los vecinos de Jano que, para evitar una guerra, se trasladaran más al interior del país.

En 1888, siendo alcalde el General don Erasmo Velásquez, vinieron de Jano a decirles a los habitantes de La Cuesta que en aquel lugar había unas tierras que les pertenecían, pero que se las darían solo que fueran cuatro familias de La Cuesta a radicarse en Jano. Ellos contestaron que el Rey, al haber hecho el traslado, había hecho el cambio de ejidos. Se supone que en tiempos primitivos habían existido habitantes en el lugar que hoy es Comayagüela, sin saberse nunca cómo vinieron, ni hacia dónde fueron.

Hay historiadores que dicen que los primeros habitantes de Comayagüela no eran mejicanos, porque cuando el último rey tolteca Topilsin Acxitl emigró con su pueblo hacia el sur, estableció en el occidente de Honduras el reino de Huytlato o Payaquí, que tuvo por capital Copantl, sin abarcar el Departamento de Olancho.

Varios nombres de Comayagüela son de origen mejicano: Sipile (agua de :); Camaguara (agua amarilla) y otros más que ayudan a confirmar el origen de los primeros pobladores de Comayagüela.

En Comayagua existe la tradición que en el lugar llamado "Geto", existió más de trescientos cincuenta años una laguna que llevaba el mismo nombre. El año de 1600, habitaba en dicha laguna una feroz serpiente, que dos veces al año revolvía de tal manera las aguas, que se inundaban las casas de los moradores, ocasionando pérdidas considerables de seres humanos. Para librarse de sus continuas asechanzas, dispusieron irse a vivir a otro sitio, viniendo a dar a Comayagüela.

Otros historiadores opinan que los primeros habitantes de Comayagüela eran originarios de Lejamaní, al occidente de Comayagua. Los que entienden un poco de dialecto aseguran que la palabra Comayagüela es un diminutivo de Comayagua. Velasco llamó en 1775 "Comayagua de los Indios" a esta ciudad.

LA IGLESIA PARROQUIAL

Para finalizar el siglo XVII, Comayagüela contaba con cerca de 900 habitantes aproximadamente. Todos fervientes católicos que efectuaban sus oraciones en una pequeña ermita que había sido construida por un grupo de fieles. Después que la ermita fue demolida, en su lugar se construyó el primitivo camposanto. Los propios comayagüelas construyeron la Iglesia, trabajando día y noche, con el fin de ver pronto concluida su sagrada obra. Todos, hombres y mujeres, por su fe cristiana, eran incansables en su trabajo, hasta que la Iglesia fue concluida y solemnemente inaugurada el 8 de diciembre de 1796. Asistieron además todo el pueblo en masa, el Alcalde Mayor y autoridades eclesiásticas venidas de los diferentes pueblos. La Iglesia tenía setenta reliquias, que fueron trasladadas a la Iglesia de Tegucigalpa por orden del cura de dicho lugar. Esto sucedió el año de 1825; todavía ignoramos el motivo de dicha orden.

En el inventario que se hizo de las alhajas de la Iglesia el 1° de noviembre de 1836, resultaron las siguientes: "Una custodia, un copón, una aceitera, su hisopo; un incensario con su naveta, una portátil, una lámpara con su mechero y su vaso, una cruz alta, una concha de bautizar, cuatro candelabros, dos cruces: la del guión y la del estandarte, tres coronas de plata, una daga sin resplandor, un vaso y la paz, la caja de óleos con cuatro ampolletas". Estas alhajas fueron depositadas en el Alcalde 1°, el que debía devolverlas al finalizar el año, cosa que no lo hizo.

El 6 de febrero de 1847 se acordó hacerle algunas reparaciones y se solicitó apoyo del gobierno. En 1863 se vendieron algunos bienes que pertenecían a la Virgen para, con su producto, hacerle algunas reparaciones a la Iglesia. El 10 de agosto de 1935, por excitativa del Vicario Capitular don J. Benjamín Osorto, del Br. don Salvador Turcios R. y del coronel don Ricardo Tulio Machado, doña Eusebia de Vargas y otras apreciables personas, se formó una sociedad con el fin de practicar un ornato en la Iglesia Parroquial. Bajo los trabajos de los integrantes de la Directiva, se construyeron los muros que rodean la Iglesia. En 1917 se le cambió el muro a la Iglesia y la honorable matrona doña Julia Benegas regaló el ladrillo de cemento. La cornisa se construyó por orden del General Carlos Sanabria.

Entre los principales curas párrocos que tuvo la Iglesia tenemos a José Trinidad Maradiaga, que murió en 1906; Darío Cruz, que fue de los que más permaneció en el curato; Hipólito Matute Brito, Basilio Gómez, Gregorio Real Alcalde, Rafael Moreno Guillén y otros sacerdotes de apellido Mejía, Gandía, Salmerón González y otros más.

Por muchos años Tegucigalpa y Comayagüela celebraban en común la Semana Santa, y así de esta ciudad iba el Santo Entierro a Tegucigalpa y de allá venía la procesión del Resucitado el domingo de Pascua. Pero un día, durante la Administración de don Luis Bográn, y bajo la influencia de algunas personas pudientes de

Tegucigalpa, y estando la procesión en los altos del Jazmín (hoy Casa Presidencial), se opusieron a que la procesión pasara el puente, constituyendo esto una burla para el religioso pueblo de Comayagüela, que estaba agrupado, esperando con música, cohetes y con el corazón ferviente de alegría a los Santos de Tegucigalpa. La lucha entre los feligreses fue tal, que al Resucitado de Tegucigalpa le quebraron el dedo meñique de la mano derecha, a San Juan le quebraron un brazo, y se llegó a tal grado la revuelta que, si no intervienen las autoridades, el desastre hubiera sido fatal. Hasta muy tarde del día logró hacer su entrada triunfal a Comayagüela la Procesión del Resucitado.

A raíz de este incidente varias personas católicas de Comayagüela hicieron obsequio de muchos Santos a la Iglesia, con el objeto de que Comayagüela celebrara por aparte la Semana Santa. Entre estas honorables señoras están la Sra. Catarina Quino, Isabel Sosa de Mondragón, Julia Benegas v. de Velásquez y otras que obsequiaron algunas imágenes como la de San Juan, La Magdalena, El Corazón de Jesús, San Benito y un cuerpo de ángeles que son una verdadera belleza. Otras señoras como doña Eusebia de Vargas, que por mucho tiempo prestó sus servicios en la Iglesia, doña María Márquez, Dolores Alvarado, Jesús Celina Durón, Nicolasa Cálix, etc., han cooperado de manera efectiva en el progreso de la Iglesia.

En la actualidad la Iglesia Parroquial está en manos de los Padres Franciscanos que, junto con otras congregaciones religiosas, como los Salesianos, Redentoristas, etc., han hecho de la querida Iglesia de Concepción una de las más lindas de Honduras, ante cuyas aras el pueblo de Comayagüela rinde el más culto homenaje a Dios y a los Santos.

PRIMEROS INDICIOS DE INDEPENDENCIA

Por real cédula de 4 de junio de 1582 se estableció el tributo entre nuestros indígenas. En 1789 Comayagüela contaba con cerca de 900 habitantes, de los cuales 300 eran tributarios y con la obligación de sembrar diez brazadas de maíz, obedeciendo las órdenes reales. A los peninsulares no les bastaba maltratar a los indígenas en los trabajos de minas y en las labores agrícolas, sino que los obligaban a pagar tributo para hacerles más insoportable la esclavitud. Las barbaridades de los peninsulares para con los nativos fueron factores más que suficientes para que en ellos nacieran los grandes ideales de la independencia.

En aquellos tiempos un maestro albañil ganaba tres reales diarios, y un peón real y medio cuando más. Sufrían demasiada hambre, pues todos los comestibles eran acaparados por los españoles. Muchas veces el señor Alcalde Mayor obligaba a los nativos a trabajar sin darles ni manutención. El indígena, cansado, hambriento y bajo la insolación, caía su cuerpo deshecho a latigazos por la cruel mano española.

Tales acontecimientos sucedían cuando llegó a oídos de los nativos la noticia de la proclamación de la independencia de los Estados Unidos y el glorioso grito dado en el pueblo de Dolores por el cura Miguel Hidalgo y Costilla.

Los españoles temieron que fuera a suceder lo mismo en Honduras y decidieron hacer más fuerte el yugo, conservando en sus puestos de la Alcaldía a José de la Serra, Juan Judas Salavarría y a José Irribarén. El descontento se acrecentó y el 1° de enero de 1821 los vecinos de la Plazuela, de San Sebastián y de Comayagüela se presentaron en la Plaza de Tegucigalpa en número de 200 hombres, armados de palos y machetes para evitar que Serra y Salavarría tomasen posesión de sus puestos. Y por todas las bocas se repetía la estrofa:

Si quieren que no haya guerra
y que todo sea alegría
renuncie Salavarría
con su compañero Serra.

Los peninsulares sentían que pronto iban a caer, a pesar de que abusaban de sus fuerzas para quedarse en sus puestos y sostener por más tiempo el terrible régimen español.

La intervención del cura Márquez puso fin a la revuelta, siendo entregadas las varas a José Manuel Márquez y don Joaquín Espinosa, como regidores para el año 1812. Los acontecimientos que se siguieron culminaron con la proclamación de la Independencia en 1821.

LA INDEPENDENCIA

El 28 de septiembre de 1821, llenos de gozo, los comayagüelas corrían por las calles, con la alegría en sus corazones, y en el Ayuntamiento de Tegucigalpa don Dionisio de Herrera grita: ¡Viva la Independencia! y todos le hacen coro.

EL AYUNTAMIENTO

Comayagüela tenía su cabildo y el gran deseo del pueblo era tener un Ayuntamiento. El alcalde de entonces, don Narciso Mallol, prometió organizarlo, pero pasaban los días y la promesa, quién sabe por qué motivo, no la cumplía. Los comayagüelas pidieron ayuda al Ayuntamiento de Tegucigalpa y a la Junta Provincial, aprovechando que don Narciso Mallol se encontraba en el pueblo de Santa Lucía. Y el 17 de noviembre de 1820 fue enviado un oficio al señor Alcalde 1° don Seferino Retes, en el que se le ordenaba instalar el Ayuntamiento en el Cabildo de Comayagüela. Se nombraron 17 electores que debían elegir los miembros del Ayuntamiento. La apertura de esta nueva organización encaminaba a Comayagüela hacia un mejor porvenir.

VILLA DE CONCEPCIÓN

Desde 1845 Comayagüela venía solicitando se le elevara al rango de Villa. Tenía suficientes habitantes, todos laboriosos y que prometían mucho para hacer de esta ciudad un centro más civilizado. El Congreso y el Senado, el 22 de agosto del mismo año, siendo presidente de la República don Juan Lindo, concedió una fiesta titular que debía comenzar el 8 de diciembre de cada año.

En 1850, siendo don Luis Velásquez el encargado del Gobierno del Municipio, acordó que toda construcción que fuera a llevarse a cabo debiera ser de adobe. Esto lo hizo como contribución al ornato de la nueva Villa.

EL CEMENTERIO DE SIPILE

Siendo Alcalde 1° don Martín Sosa y Alcalde 2° don Luis Velásquez, se puso en servicio el cementerio de Sipile en el año 1860.

ACTOS VALIENTES DE LOS COMAYAGÜELAS

En 1876 Honduras se encontraba de revuelta debido a las guerras civiles. La municipalidad de Comayagüela, en mayo del mismo año, desconoció el gobierno que presidía el General José María Medina, reconociendo en su lugar al General don Ponciano Leiva.

EL DOCTOR SOTO Y SU TRIBUTO A COMAYAGÜELA

En vista de la anarquía en que se encontraban los pueblos de Honduras, solicitaron al Dr. Marco Aurelio Soto, residente en Guatemala, que viniera a poner fin al desorden ocasionado por la anarquía. El Dr. Soto llegó a Amapala el 27 de agosto de 1876, donde inauguró un gobierno provisional. El Dr. Soto siempre reconoció el cariño sincero del pueblo de Comayagüela, y como una muestra de afecto mandó colocar en el parque de esta ciudad la actual estatua de la Libertad con la leyenda siguiente:

MARCO AURELIO SOTO
Presidente de la República de Honduras al laborioso y honrado
pueblo de la
VILLA DE CONCEPCIÓN

COMAYAGÜELA Y EL GENERAL BOGRÁN

Después que el Dr. Soto se separó del poder, salió electo jefe del gobierno el General don Luis Bográn, tomando posesión de su puesto el 30 de noviembre de 1883. El General Bográn quiso hacer política contraria a la del Dr. Soto, de la cual el pueblo de Comayagüela era partidario, lo que motivó que la actitud del General Bográn fuera en contra del pueblo. El General Longino Sánchez, después de ocupar el puesto de Comandante de Armas, pasó a desempeñar el puesto de Bográn.

EL MERCADO

Por estos tiempos Comayagüela carecía de un mercado donde se pudieran concentrar las vendedoras ambulantes, que con los deseos de ganar el sustento se pasaban todo el día bajo la intemperie, unas veces bajo el sol tropical y otras veces bajo las fuertes lluvias. Gestionaron ante el gobierno y este, con fecha 4 de febrero de 1884, erogó la cantidad de 1000 pesos para la construcción del mercado y del acueducto. El señor gobernador don Longino Sánchez, enemigo de los comayagüelas, había ordenado a la Municipalidad retirar a las vendedoras que permanecían en la margen del río, porque decían que dichas vendedoras cometían toda clase de porquerías, incluso que envenenaban las aguas.

La municipalidad celebró sesión para acordar lo más conveniente en relación con la orden de don Longino, que su único deseo era que las vendedoras fueran al mercado de Los Dolores de Tegucigalpa, para satisfacer los deseos del alcalde de aquella localidad.

La municipalidad obtuvo permiso para la construcción del mercado, que una vez terminado fue llamado con el nombre de "El Progreso", siendo inaugurado el 29 de junio de 1888. Este mercado sirvió por mucho tiempo hasta que fue terminado el mercado "San Isidro" en 1905.

UNIÓN DE TEGUCIGALPA Y COMAYAGÜELA

Por iniciativa de don Benjamín Henríquez, durante su período administrativo, ambas poblaciones abrigaban la idea de formar una sola villa. Se hicieron las bases de la proyectada unión, se celebraron sesiones, se dieron órdenes superiores, pero todos los pasos que se dieron fueron en falso, siendo todo más bien un proceder antipolítico.

TRAICIÓN DEL GENERAL LONGINO SÁNCHEZ

El general Sánchez tenía enemistad con los señores General Carlos F. Alvarado, Ministro de la Guerra, y el Lic. Simeón Martínez, Ministro de Hacienda, y deseando vengarse de ellos trató de dar un golpe de Estado para quitar de la presidencia al General Bográn.

El triunfo del General Bográn, con la cooperación de los vecinos de Comayagüela, Tegucigalpa y pueblos vecinos, fue rotundo, y el General Sánchez terminó con su vida suicidándose en el momento en que iba a ser aprehendido por un grupo de patriotas del mineral de San Antonio y una escuadra de las fuerzas del general Laínez que venía de Danlí a defender el gobierno.

Después del General Bográn estuvieron en la presidencia el Dr. Policarpo Bonilla, que el 1° de febrero de 1899 entregó el poder al General Terencio Sierra. Después gobernaron el General Dávila, el Dr. Bertrand y el Dr. Membreño.

El 1° de febrero de 1925 se hizo cargo de la presidencia Paz Baraona; en esta época Honduras progresa. El 1° de febrero de 1929 el Dr. Vicente Mejía Colindres sustituye al Dr. Paz Baraona. En 1932 se nombró el candidato a la presidencia por el Partido Nacional al General Carías, estando a cargo actualmente del Gobierno de Honduras el Dr. Juan Manuel Gálvez.

PRIMERA EXPOSICIÓN NACIONAL DE COMAYAGÜELA

La municipalidad de 1936, con fecha 15 de diciembre, estableció que debía celebrarse la primera exposición local, la cual fue con todo éxito, pues a ella concurrieron expositores de todos los departamentos.

En el plan estaban incluidas las artes, las industrias, la ganadería y la agricultura. La exposición se celebró con los mejores resultados y dio a conocer los diferentes productos del trabajo del pueblo hondureño.

En relación con la pequeña reseña histórica que anteriormente hice de Comayagüela, puede decirse que en el pasado siglo no alcanzó un progreso digno de notarse. Esto debido en parte a las constantes guerras civiles que mantenían el lugar estático y, cuando se comenzaba a hacer algo en provecho del pueblo, no se terminaba porque causas distintas a menudo se presentaban. El pueblo trabajaba bastante en el cultivo de las tierras, pero los trabajos eran muy interrumpidos; las rentas eran muy pocas para emprender grandes obras; y unas veces los hombres se dedicaban al trabajo agrícola, que era su profesión, y otras veces terminaban con sus vidas en los campos de batalla.

El progreso de Comayagüela iba lento, pero seguro.

COMAYAGÜELA EN EL NUEVO SIGLO

La población de Comayagüela aumenta despacio, pero cada día se suma una cantidad más. El número de casas se extiende por los diferentes rumbos, especialmente abre sus horizontes por Guacerique.

Las tierras de Comayagüela son muy fértiles; los agricultores trabajan cada vez con mejores implementos agrícolas, con métodos más modernos. Se cultivan los granos de primera necesidad, frutas, etc. El cultivo del trigo alcanzaría gran incremento, ya que las tierras de Guacerique son favorables. Los aldeanos cultivan el café en sus huertas, ya que la sombra es necesaria para su desarrollo. En pequeña escala cultivan cañas, naranjas, plátanos y guineos. Entre los forrajes están: el zacate calinguero, jaraguá, el guinea, etc.

La ganadería y sus derivados no dejan nada que desear; la cría del ganado se multiplica cada día, las lecherías son numerosas y ahora se expenden leches pasteurizadas para evitar la transmisión de enfermedades. El clima y la fertilidad de los terrenos son factores que influyen en que Honduras sea centro ganadero mejor que otros países del istmo.

Como centro industrial cada día va alcanzando mayor auge; existen variedad de industrias a saber: fábricas de fósforos y ropa, de jabón y velas, de tejidos, de cemento, de ladrillo mosaico, de confites, de harina, funerarias, muchas zapaterías, sastrerías y talabarterías, así como carpinterías y fábricas de muebles.

Hay muchos establecimientos comerciales montados en elegantes edificios, existiendo comerciantes mayoristas y al por menor. Siendo lo sensible que el comercio está en manos de extranjeros.

Las vías de comunicación se han mejorado en los últimos años, pues ya los trabajos de pavimentación fueron empezados, estando casi concluida la calle real en su empalme por medio del puente Guacerique con la calle asfaltada que conduce a Toncontín. Se empezaron los trabajos de pavimentación de las demás calles y esperamos que cuando estén concluidas el ornato de Comayagüela será asombroso. Existen muchos caminos carreteros y rurales, que conducen a las diversas aldeas y por los cuales diariamente atraviesan peatones y vehículos llevando y trayendo sus productos.

En Toncontín se encuentra la Aduana recientemente inaugurada, y según opiniones de muchos es la mejor de Centroamérica. Está modernamente equipada. Se encuentran también los hangares de las diferentes empresas de aviación: la Taca, la Pan American, etc., y los hangares del Gobierno.

Los servicios de correos y telégrafo están en buena organización, cada uno con sus respectivos edificios.

En su aspecto educacional Comayagüela va a la vanguardia, pues en la actualidad cuenta con varios centros de enseñanza primaria, servidos por profesores de reconocida capacidad. En los centros de enseñanza secundaria se imparte educación de Bachillerato, Magisterio, asistiendo a sus aulas varios cientos de alumnos de ambos sexos. Ha habido mucho interés de parte de las autoridades, directores, profesores y asociaciones de padres de familia por colocar estos centros de enseñanza en lugar prominente a la par de los de países más civilizados. Se han esforzado por dotarlos de dispensarios médicos, dentistas, bibliotecas, entidades deportivas, centros cívicos, de Cruz Roja, culturales y en fin de todo aquello que pueda ser para el alumno un estímulo que los impulse a seguir los caminos del saber.

La prensa ha ocupado un lugar avanzado en el desarrollo cultural y son muchas las publicaciones de periódicos y revistas que han visto luz en esta ciudad, cumpliendo la misión sagrada de llevar a todos sus lectores la noticia o el artículo de más interés nacional. Hay además radioemisoras recientemente establecidas y que brindan con sus importantes transmisiones diversos aspectos y hechos de actualidad tanto de Honduras como de los demás países.

Comayagüela cuenta con nuevos barrios, con bonitas residencias, con dos parques: el Colón y el de La Libertad, que son lugar de distracción tanto de grandes como de chicos. Por todas partes se nota un afán de construcciones modernas.

Los servicios de Policía, correo, hospitales están bien establecidos al servicio del pueblo.

Se cuenta con varios centros de recreo: teatros, salones de baile, clubes nocturnos, etc.

Hay agrupaciones tales como católicas, escolares, deportivas, etc., que, llenas de optimismo y bajo los acordes del trabajo, aúnan sus fuerzas por hacer que Comayagüela camine a pasos agigantados por un mundo mejor.

COMAYAGÜELA EN SU ASPECTO CULTURAL

Comayagüela ha sido cuna de altos valores morales, que han orientado a esta ciudad, poniendo su grano de arena como abono al desarrollo cultural y científico del pueblo de Comayagüela.

Las maestras de primeras letras fueron entre otras: señorita Corina Medina, Srita. Mónica Medina, doña Ventura Velásquez, doña Teresa Velásquez, Srita. Ramona Maradiaga, doña Dolores Bustillo, doña Concepción Cerrato, Srita. Ramona Turcios Velásquez, doña Antonia Maradiaga de Estrada, Pura Velásquez, Dositea Godoy y otras más.

Algunas educadoras del siglo pasado obtuvieron años más tarde certificados de maestras de enseñanza. Entre ellas están las siguientes: Srita. María Dávila, doña Ángela Hernández de Valle, madre del poeta Rafael Heliodoro Valle, Srita. Arcadia Turcios Velásquez, Srita. Petrona Lagos, doña Leonor Alvarado de Andino y doña Mercedes Valle v. de Zúniga.

La mayoría de los grandes hombres que tuvo Comayagüela se educaron en el "Colegio Eclesiástico" del beato Monseñor Ernesto Fiallos, bien llamado "El Lirio de Honduras" y "San Ernesto de Honduras", cuyo fallecimiento el pueblo no se cansa de llorar.

Cabe mencionar que la primera Escuela Normal para Varones fue construida en Comayagüela en 1906 bajo la dirección del insigne maestro don Pedro Nufio. La labor que desarrolló el maestro Nufio ha sido digna de alabarse, por eso muy bien se le ha llamado al período educacional del maestro Nufio "La Edad de Oro".

El primer edificio escolar fue construido en Comayagüela, donde hoy funcionan la Escuela Lempira y Rep. Argentina, cuyos planos fueron hechos por el Decano de los maestros hondureños, el Prof. don Luis Landa, uno de los maestros sabios que ha tenido para su orgullo la República de Honduras.

Entre los alcaldes que como Directores Locales de Enseñanza Primaria fomentaron la enseñanza y la cultura, se distinguieron el coronel Juan Pablo Roque, que mandó construir el edificio de las Escuelas Lempira y República Argentina.

En 1916 el Alcalde don Francisco Valladares L. dispuso hacerle mejoras al viejo cabildo, cambiándole el artesonado, encargando el trabajo a don José María Zelaya. Como el artesón estaba bueno, protestaron muchos vecinos, pidiendo que mejor se construyera un edificio nuevo. El presidente Bertrand se interesó por la obra. Los planos para la construcción los hizo don Ausias March, que eran modificación de los que había hecho el arquitecto don Miguel Turcios Reina. La obra fue concluida en 1917, siendo alcalde el mismo señor Valladares. En este lugar está funcionando la Escuela de Bellas Artes, bajo la dirección del artista Arturo López Rodezno. En ella trabajan artistas como Samuel Salgado y otros de reconocida fama internacional. Son muchos los alumnos con que cuenta la escuela que bajo su seno se labran los futuros pintores y escultores hondureños, que en otras tierras pondrán en relieve la cultura hondureña.

La Escuela de Artes y Oficios que en Comayagüela funciona es un verdadero centro educativo, pues además de los muchos oficios que en ella aprenden los alumnos, se les imparte enseñanza primaria y secundaria. Las exposiciones que se han llevado a cabo nos han dado a conocer el grado de adelanto que han alcanzado para honra de Comayagüela y Honduras.

La primera exposición de las escuelas rurales que se llevó a cabo en esta ciudad fue muy novedosa, pues en ella se pudo apreciar el grado de adelanto de las aldeas vecinas, donde maestras capacitadas enseñan al hijo del trabajador hondureño.

En el presente año y gracias a los esfuerzos de la Asociación Médica Hondureña, se fundó cerca del barrio de Belén "El Hogar Infantil". Cuenta hasta en estos momentos con un número de treinta niñas, unas huérfanas y otras con padres pobres que no las pueden criar, y que han encontrado en dicho centro los medios para educarse, bajo la dirección de la competente maestra de Comayagüela Victoria Raudales, la que con sus sabias enseñanzas orienta a las niñas por el sendero del bien.

Uno de los mejores centros educativos con que cuenta Comayagüela es el Colegio San Miguel. El edificio es muy amplio, donde centenares de alumnos reciben la enseñanza primaria y secundaria. De él han egresado capacitados profesionales, que a su paso por la Universidad han puesto en alto el nombre del centro que les dio sus primeras letras. Abnegados sacerdotes han sido los principales mentores del Colegio San Miguel. Entre ellos están los siguientes: José Miglia, Augusto Erowel, Guillermo Chavarría, Rubén Arauz, Laureano Ruiz, José Álvarez y otros más.

El moderno edificio de la Escuela Normal de Señoritas es un centro de cultura con muchas alumnas, que bajo la dirección de competentes profesores reciben las luces del saber. El edificio de la Normal de Señoritas fue completamente modificado en su construcción, siendo uno de los mejores de Honduras. Por muchos años estuvo bajo la dirección de la Srita. Profa. Victoria Zúniga L.

La Escuela Alpha que se encuentra en la Calle Real, bajo la dirección de la Profa. doña Adriana de Valerio, cuenta con muchas alumnas, las que reciben clases de Secretariado. En ella han obtenido su título muchas señoritas. Además de esta escuela, existen otras en Comayagüela donde se enseña Taquigrafía, Mecanografía, Inglés, etc.

La Escuela de Ingeniería se encuentra en Comayagüela; de ella han egresado competentes profesionales, que han puesto muy en alto el nombre de Honduras en otros países. Cuenta en estos momentos con numerosos alumnos, que son promesas para el futuro.

En la actualidad hay escuelas nocturnas para varones y para mujeres, con el objeto de disminuir el número de analfabetos, que desgraciadamente el porcentaje hasta estos momentos es grande.

Como amantes del arte cabe mencionar a algunos músicos que se han distinguido y se distinguen aún en tierra nativa. Son ellos: Agustín Maradiaga, maestro de capilla y compositor de música sagrada; Juan Antonio Castro, violinista y violoncelista; Samuel S. Valladares, baritonista; Rafael Coello Ramos, director de la que fue orquesta Verdi; Manuel E. Sosa, maestro de capilla y director de la mejor orquesta de coro; Faustino Funes, cornetista y exdirector de la Banda de los Supremos Poderes; Encarnación Andino, exdirector de algunas bandas; los hermanos Andrés, Alfredo y Mario Quiñónez, compositores; Práxedes Martínez, autor de la música del Himno a la Paz.

En Comayagüela han nacido grandes literatos de reconocido renombre; cada uno ha llevado en su pecho el ritmo y la suave cadencia de los pájaros. Hay en la poesía de los comayagüelas el suave perfume de la Patria y la armonía del que ríe, del que llora...

Entre los grandes literatos están:

Valentín Durón, Rómulo E. Durón, Miguel Navarro, Inés Navarro, Juan Ramón Molina, el mejor poeta hondureño.

Luis Andrés Zúñiga, el Laureado Poeta, autor de las célebres fábulas que lo han catalogado como uno de los más grandes fabulistas de América. Es poeta delicado, cuentista, prosista, dramaturgo. Es un gran filósofo como lo demuestra en "Poeta y Aldeano" y "Todo es Nada". Ha escrito libros notables como "El Banquete", en que las Señoritas Zamacuecas son todo gracia y picardía. Basilio Gómez,

Arcadia Turcios Velásquez, María Luisa Herradora, Miguel Ángel Velásquez, Rafael Coello Ramos, Rafael Trejo Castillo, Eusebio Fiallos Vilafranca, Alonso A. Brito, Salvador Turcios Ramírez, Rafael Heliodoro Valle, Luis Amílcar Raudales, Guillermo E. Durón, Bernardo Galindo y Galindo, Manuel Ramírez (El Atrevido Garzón), Guillermo Bustillo Reina, Enrique Galindo y Galindo, Miguel Navarro h., Isabel Laínez de Weinauer, Salvador Turcios h., Vicente Machado Valle, Ángel Raudales, Angelina Valladares, Santos Juárez Fiallos, Renán Pérez, etc.

A grandes rasgos me he referido a la situación actual de Comayagüela y ojalá que haya siempre hombres de buena voluntad, que con ansias de superación traten de elevarla a la categoría de ciudad grandiosa, para que más tarde se diga que sus hijos levantaron a Comayagüela y la pusieron en un pedestal de ciudad bella, culta y civilizada. Ya que sus hijos están llegando a alcanzar altas posiciones gubernativas, sociales, militares, culturales, educacionales, etc. ¡ADELANTE!

COMAYAGÜELA, CIUDAD DE TRABAJO

Los habitantes de Comayagüela, en su preocupación de vivir, en su cuerpo y espíritu brilla constantemente la palabra: trabajo.

Desde las siete de la mañana se dirigen los niños de primaria, estudiantes de secundaria, universitarios, a sus diarias tareas de orientación por los amplios caminos del saber. Los profesionales a servir sus cátedras, los oficinistas a sus respectivos trabajos. A las 12, hora en que generalmente todos terminan sus ocupaciones de la mañana, se ven venir a paso apresurado por el puente, para después de descansar un rato, concluir sus faenas con el trabajo de la tarde. Después unos se dedican a distraerse, tomar sus refrescos; otros van al cine por la noche. Cuando son las diez empiezan cada quien a irse a sus respectivas casas; la hora de dormir se acerca, hora de descanso corporal y mental, en que nuestra mente vaga por caminos desconocidos, muy lejos de la realidad, donde a veces todo es encanto y misterio.

El porvenir de Comayagüela es fructífero, siempre que a sus esfuerzos de superación se una el de los gobiernos que quieran que esta ciudad crezca, se extienda y multiplique y que con sus hechos le digan: ¡LEVÁNTATE!

ALGUNAS LEYENDAS Y TRADICIONES DE COMAYAGÜELA DEL FOLKLORE HONDUREÑO

En una de esas noches de verano en que nuestro espíritu vaga sin rumbo, lejos de la realidad, siguiendo los recuerdos de tiempos pasados y en que Comayagüela, el querido pueblo que me vio nacer, parece un alma transparente, contaría a los niños las leyendas y tradiciones que tienen mucho de las Mil y Una Noches y también el tierno e íntimo perfume de la Patria.

LEYENDA DE ÑA CHICA JUANES

Érase Ña Chica Juanes una viejecita de cabello cano y de rostro enjuto por el peso de los años. Vivía en la aldea de La Cuesta, de donde venía de tarde en tarde a recorrer las calles de Comayagüela con carácter de pordiosera. Y así se le miraba llegar a las casas a pedir una moneda o un pedazo de pan, que las buenas gentes no vacilaban en darle. Pero Ña Chica Juanes no era como todas las ancianitas pordioseras; poseía un don especial que la hacía no ser igual a todas las demás. Y es por esto que cuando alguien la mentaba por cualquier motivo, tenía que repetir primero estas palabras: "Sábado día de la Virgen, Domingo día del Señor". Porque, según dice la leyenda, la viejita, poseída de no sé qué poder y haciendo ensalmos, quién sabe cerca de qué fuente de sus creencias, se convertía en una lechuza. Era de esta manera que en sus rondas nocturnas que hacía al pueblo, se daba cuenta de todos los sucesos que pasaban por aquellos tiempos.

Cierta noche, como a las siete, estaba una señora llamada doña Salvadora en casa de los herederos de don Andrés Reyes Palma, cuando pasó una lechuza, a quien ella le dijo: "Adiós, lechucita, infórmame cómo va la nacionalidad" (un movimiento de Unión que inició don Policarpo Bonilla, el año 1895).

Cuál no sería la sorpresa de doña Salvadora, cuando al día siguiente vio llegar a su casa a Ña Chica Juanes, con un canasto en la cabeza y una ciruela en la mano, preguntándole si era ella la que quería saber cómo iba la nacionalidad. "Pues vengo a decirle que ya terminó", fueron las palabras de la viejita.

Por muchos años se recordó a Ña Chica Juanes. Y cuando su alma se alejó para siempre por los caminos del misterio, todavía se oyó por mucho tiempo una voz que repetía: "Sábado día de la Virgen, Domingo día del Señor".

LA DESAPARECIDA

A fines del siglo pasado fue asesinada una señora (cuyo nombre se me ha olvidado) en el barrio de Camaguara, en la salida de Comayagüela. Según contaban, fue el compañero de su vida el que le hizo varias heridas que le ocasionaron la muerte. Se supo que él había sido el hecho, porque se presentó a las autoridades diciéndoles que había encontrado una mujer muerta, dando él mismo pruebas convincentes de su culpabilidad.

Por muchos años, en la cuarta avenida, que fue el lugar del suceso, se oyeron en las noches gritos despavoridos y ayes lastimeros, que hacían que los vecinos se conmovieran y pasaran horas de desvelo. Lo extraño del caso era que las gentes, al asomarse a las puertas, no miraban a nadie; solo a lo lejos se contemplaba la silueta de una mujer vestida de blanco, que con pasos vacilantes se perdía entre los cipreses del cementerio.

EL ENAMORADO

Se dice que existía una familia de apellido Gómez; uno de los miembros era una joven muy bella, que acostumbraba bañarse en la poza del Carrizal. Un joven enamorado de la bella le propuso matrimonio; fruto del grande amor fue una hermosa niña, que creciendo se transformó en una linda sirena con rostro de mujer y cuerpo de pez. Para ella era imposible vivir en tierra; pidió que la trasladaran donde solo hubiera agua; anduvo por muchos ríos y quebradas sin que ninguno le gustara para hacer de él su habitación.

La llevaron a la laguna de Santa Ana, donde, según dicen, vive todavía. Y por las tardes crepusculares se ven sus escamas bordeadas de colores, iluminadas por el sol, y por las noches de luna se le ve en las playas esperando que pase una persona, para preguntarle si ya terminó la familia Gómez. Pues dice la leyenda que en cuanto sus parientes terminen de vivir, ella inundará la ciudad de Comayagüela.

LA BURRERA

Hace muchísimos años, Comayagüela fue víctima de una terrible enfermedad que fue llamada "Enfermedad de los burros", porque solo atacaba a estos animales. Lo extraño del caso es que todos los burros iban a morir al mismo lugar. De allí que a ese lugar le llamaron "La Burrera". Ese es el origen del lugar que ahora lleva ese nombre.

LEYENDA DEL SACERDOTE APARECIDO

Donde hoy se está reconstruyendo el edificio de la Normal Central de Señoritas, estuvo hace varios años el Colegio Eclesiástico del siempre recordado Presbítero Monseñor Ernesto Fiallos. El mencionado lugar pasó después a ser poder del Estado y en él se alojaron las oficinas de la Administración de Rentas, para ser después el local que ocupa la Normal Central de Varones. Cuando funcionaba allí la Administración de Rentas, siendo el administrador don Aurelio C. Núñez, por los años 1904 a 1905, tanto los soldados del Inspector de Hacienda, como los empleados nocturnos, se quejaban de que por la noche una sombra negra se paseaba por los corredores y no los dejaba dormir. Cierta noche uno de los empleados llamado Sebastián, que estaba de turno, con toda valentía dispuso confirmar a qué se debía la aparición. En efecto, vio que el aparecido era un sacerdote que con un relicario en la mano se paseaba, rezando por todos los corredores. Parece que el sacerdote, al darse cuenta que lo habían espiado, desapareció del lugar para nunca volverse a ver.

LEYENDA DE LA CHANCHA QUE ACOMETÍA A LA GENTE

En el poniente del edificio que hoy ocupa la Escuela de Bellas Artes, había un portón bastante grande, después del cual se encontraba un árbol de caraó, bajo el que aparecía en las noches sombrías una chancha que acometía a las personas que a altas horas de la noche pasaban por ese lugar. Fueron muchos los que negaron que tal hecho sucediera, hasta que una noche se vino a confirmar la veracidad. Venían de una fiesta, como a la una de la mañana, doña María del Socorro Portillo, doña María de la Cruz Garache y Lupe Flores, quienes al pasar por el mencionado lugar fueron perseguidas por una chancha que las siguió varias cuadras más allá de la Escuela de Artes, sin haberse podido defender de tan agresivo y misterioso animal.

Hasta mucho tiempo después dejó de verse la aparición, sin saberse todavía cómo y por qué sucedió.

LA CARRETA DE LOS AJUSTICIADOS

En las postrimerías del gobierno del general Domingo Vásquez, dio este orden para que fueran ejecutadas todas las personas que por asuntos políticos eran non gratas al gobierno. De todas ellas, solo un señor llamado Manuel Velásquez (alias Meluca) tenía orden de salvarle la vida. Era tan grande la aversión que había para los opositores que, después de haberles dado muerte, los cadáveres fueron echados en una carreta, cual montón de basura, y los condujeron por la cuarta avenida a una fosa común preparada al efecto en el cementerio general.

Ni los ruegos y llantos de los familiares fueron suficientes para que cada familia pudiera responder por el cadáver de su deudo. La conducción de los 15 cadáveres fue macabra, pues hubo madres que, con el ataúd en la cabeza y dando gritos lastimeros, seguían la carreta, pidiendo los restos de sus queridos hijos, lo que hacía más lastimero el cuadro que en esos momentos se contemplaba.

Pasaban los meses, pasaban los años y siempre por las noches se oía en la tercera avenida el ruido lúgubre de una carreta que, arrastrada por cadenas, se dirigía al cementerio.

Lo raro del caso era que las personas que se asomaban a las puertas solo sentían el frío de la noche y un estremecimiento raro que las hacía volver a su lecho a hilvanar pensamientos, hasta que el sueño les hacía vencer el recuerdo de los ajusticiados.

LEYENDA DEL EMBRIÓN

A fines del pasado siglo, cuando la población de Comayagüela no era tan numerosa, cuentan que en la séptima avenida, por el lugar que ocupaba el viejo Calvario, casi al pie del cerro de La Cruz, aparecía en las noches de luna un niñito. El pequeño aparecido contaba a lo sumo unos diez meses a un año, era blanco y muy bonito. Cuando alguien pasaba por ese lugar, aparecía contoneándose con mucha coquetería y les decía: "El embrión, el embrión". Esto motivaba que la gente se alejara de allí más corriendo que andando.

LEYENDA DEL CADEJO

En la calle que va al cementerio se dice que salió durante mucho tiempo un animal que la gente apodó "el cadejo". Tenía el aspecto de una hiena, según unos, o de un pequeño cabro, según otros.

Cuando una persona pasaba por esa calle, el cadejo aparecía poniéndosele enfrente, o bien la seguía haciendo un ruido característico con sus pequeños cascos al contacto del empedrado suelo.

Una noche venía una persona honorable, a quien le habían dicho que clavando un puñal en el suelo el cadejo ya no se miraba. Cuando el animal hizo su aparición frente al señor, este desenvainó su puñal y lo clavó en el suelo, cerca de donde el animal había hecho su aparición. Momentos después ya no había rastros del cadejo, que se suponía que era algún animal que bajaba de las montañas a rondar las tumbas de los muertos.

LEYENDA DE LA SIGUANABANA

Cuentan que en el año de 1936, entre el Colegio San Miguel y un árbol de amatles que creció en las riberas del río Choluteca, aparecía en ciertas noches una mujer bella y adorable, con el cabello extendido y sentada en una piedra, dando el aspecto de una sirena de cola tornasol, que ante la luz de la luna ostentaba sus brillantes escamas.

Cuando un galán mozo pasaba cerca de ella, con toda coquetería y con el seno al descubierto le decía: "Toma tu teta, toma tu teta".

Todavía cuentan que en los cruces de ciertos ríos y quebradas de Honduras se ve una mujer, pero no la bella sirena de Comayagüela, sino una mujer sucia y despeinada que, cuando pasa una persona cerca de ella, repite las mismas palabras: "Toma tu teta, toma tu teta".

LEYENDA DE PANCHITA PLEITEZ

Nadie sabe de dónde vino una niña anciana llamada Panchita Pleitez, la que por más de un cuarto de siglo, y hasta que la muerte se la llevó, se hizo cargo de todo lo que pudiera ser provecho para la Iglesia de Concepción. Ella barría la Iglesia, vestía los Santos, sacudía las sillas, repicaba las campanas para llamar a misa, etc., etc.

Era muy conocida por todos los feligreses, al grado que para estos ya no era nada extraño verla a cada instante, tanto de día como de noche, salir de la Iglesia. Cuando las noches eran tempestuosas, Panchita se quedaba a dormir aunque fuera en el lugar que ocupaba el coro. Cuando la buena Panchita fue llamada a ocupar su sitio en el reino del Señor, todavía después se vio durante mucho tiempo entrar y salir de la Iglesia después de haber hecho sus ocupaciones habituales.

Personas que por algún motivo pasaban por las noches frente a la Iglesia, o trasnochadores que les tocaba dormir en el atrio su sueño báquico, miraban en sus delirios alcohólicos la imagen de Panchita

Pleitez, que con su ya gastado manto se alejaba no sin antes persignarse a los pies del Señor.

Cierta vez, como a la una de la mañana, hubo en el atrio congregación de varias personas, que se reunieron a espiar por el ojo de la cerradura, porque el sacristán aseguró haber visto a Panchita estar rezando en la Iglesia.

Hace apenas dos lustros que todavía se oía vagamente la historia de la viejecita devota a la Iglesia querida de Concepción. En todos estos relatos espero que encontrarán lo tradicional y legendario de Comayagüela, no pudiendo agregar más que:

> A mí el pueblo me lo contó
> y yo al pueblo se lo cuento
> y de la verdad del cuento
> responda el pueblo y no yo.

Para los que hemos nacido y vivido en esta humilde pero querida tierra de Comayagüela, se emocionan nuestros corazones al evocar los bellos pasajes, las tristes leyendas y las simpáticas tradiciones que nos legaron nuestros antepasados. Y es que formarán siempre un bello libro de cuentos, que leerán las generaciones futuras porque encontrarán en sus páginas el tierno perfume que emocionaron el corazón de los que habitaron la dulce tierra en que hoy vivimos.

ZONIA RAUDALES ALVARADO
(Cassandra Lavaire).

BACHILLER VICENTE MACHADO VALLE HIJO.
(El Marqués Fernández).
Ganador de una Mención Honorífica.

POETA VICENTE MACHADO VALLE HIJO

Vicente Machado Valle hijo nació el 24 de junio de 1934 en Los Ángeles, California, Estados Unidos de Norteamérica; hijo de Vicente Machado Valle y de Estela Banegas Enamorado de Machado Valle.

Vicente Machado Valle hijo representó al Instituto Normal "San Miguel" en el Primer Congreso Estudiantil.

Ha desempeñado los cargos siguientes: Secretario del Comité Organizador; Prosecretario del Primer Congreso; Secretario de la Federación de Estudiantes de Segunda Enseñanza de Honduras, cargo que desempeña actualmente.

Estudia el quinto curso de Ciencias y Letras en el Instituto Normal "San Miguel", en donde ha alcanzado magníficas notas por su comportamiento y dedicación al estudio.

Hizo su primera presentación literaria en 1950, a la edad de 16 años, y ya tiene en preparación un precioso libro de versos que muy pronto saldrá a luz.

Vicente Machado Valle hijo es una esperanza para las letras hondureñas.

DÍPTICO A COMAYAGÜELA

I

Ciudad Comayagüela, ciudad adolescente,
que das muestras al mundo con tu altivez de diosa;
ciudad que eres de Honduras la perla más preciosa
y que eres en mi vida cual luz resplandeciente.

Por sobre el río Grande se yergue tu presente,
cual en chinos jarrones el cáliz de una rosa;
y luces en las tardes ingenua, esplendorosa,
mientras que el astro rubio se pierde en occidente.

Ciudad de los encantos, ciudad de los anhelos,
que alimentas en tu alma la ilusión de los cielos
que un día conquistara tu excelso Juan Ramón;

hoy, en noches serenas, ansías un futuro
en que luzca tu nombre límpidamente, puro,
y reciban tus hijos de Dios la bendición.

II

Comayagüela, cuna de preclaros varones:
de Luis Andrés y Valle, del divino Molina;
cuando radiante pasas, el progreso se inclina
y ondean en lo alto gloriosos tus pendones.

Mañana, cuando el tiempo recorra los salones
de los días que vienen y la luz vespertina
arroje sus destellos sobre tu faz divina,
y salmos de alabanza te canten las naciones;

mañana, cuando tengas tu futuro anhelado
y del triunfo preseas a tus pies ponga el hado,
y te den sus aromas la virtud y el honor;

alumbrará tu senda la luz de la victoria,
contemplarás rendidos los astros de la gloria
y brillará en tus manos la cruz del Redentor.

VICENTE MACHADO VALLE HIJO
(El Marqués Fernández)

PROFESORA OLIMPIA VARELA Y VARELA.
(Martín Fierro).
Ganadora de una Mención Honorífica.

OLIMPIA ESPAÑA VARELA

Olimpia España Varela es su verdadero nombre. Nació en la ciudad de Yoro, siendo sus padres el coronel Abelardo España Varela y doña Rita Varela de España Varela.

Sus estudios primarios los hizo en la ciudad de Yoro, y los secundarios en la Escuela Normal de Señoritas de Tegucigalpa.

Premios y distinciones obtenidas:

Medalla de plata en los exámenes del II curso en 1914.

Diploma de honor por su cuadro al crayón de San Francisco de Asís.

Nota de distinguida y mención honorífica en los exámenes de Química, Economía Doméstica y Bordado.

Ha sido directora de las escuelas para niñas en Olanchito, Yoro y Trujillo, y catedrática en el Instituto Normal "Manuel Bonilla" de La Ceiba.

Fundadora y directora de la revista Pan América.

Secretaria de la Cruz Blanca Hondureña.

Presidenta de la Mesa Redonda Panamericana, Sección de Honduras.

Tesorera de la Asociación de Prensa Hondureña.

Delegada de la Mesa Redonda Panamericana de Honduras a la II Gran Convención Panamericana de la Alianza de Mesas Redondas Panamericanas en La Habana, Cuba.

Delegada de Honduras a la Asamblea General Extraordinaria de la Comisión Interamericana de Mujeres en Buenos Aires, Argentina.

Por su brillante labor periodística ha merecido:

Diploma de honor panamericanista de Haití;

Diploma de socio correspondiente por la Sociedad Literaria del Brasil;

Diploma de miembro correspondiente de la Confraternidad Universal Balzaciana de Montevideo, Uruguay.

Ha colaborado en las revistas Alma Latina, Atenea y Sinergia, y en los periódicos La Época, El Día, Diario Comercial, El Heraldo y El Atlántico de La Ceiba.

Tiene varias obras inéditas, en verso, en prosa y didácticas, que oportunamente publicará.

Por no haber dejado copia la escritora y profesora doña Olimpia Varela y Varela de su bellísima composición en verso titulada «Ciudad de Comayagüela», que mereció un diploma, no nos fue posible publicarla, lo que lamentamos de todo corazón, limitándonos a exornar esta página con su fotograbado.

—Nota del encargado de esta publicación, R. R. Z.

DOCTORA MARTA RAUDALES ALVARADO.
(Polina Deskalsy).
Ganadora de una Mención Honorífica.

DOCTORA MARTA RAUDALES ALVARADO

La joven doctora Marta Raudales Alvarado nació en Comayagüela el 9 de abril de 1921, siendo sus padres el talentoso y abnegado profesor Luis Amílcar Raudales y doña María Alvarado de Raudales.

Sus estudios primarios los hizo en la Escuela de Aplicación "República del Paraguay", y los secundarios en el Instituto Normal de Señoritas e Instituto Normal Martínez Fuentes, antes llamado "Escuela Comercial Privada".

Recibió su título de maestra de enseñanza primaria en el Instituto Normal de Señoritas el 26 de febrero de 1937; de bachiller en Ciencias y Letras en el Instituto Martínez Fuentes el 19 de marzo de 1939, por equivalencia.

No satisfecha con esos títulos, dispuso estudiar Medicina en la Universidad de Honduras, recibiendo su título de médico y cirujano el 16 de agosto de 1947.

Se trasladó a Panamá, donde estuvo como médico interno del Hospital Santo Tomás, haciendo prácticas de Obstetricia, Ginecología, Pediatría y Banco de Sangre, de 1947 a 1949.

Profesora de varias asignaturas en algunos institutos normales y en la Facultad de Medicina. Ha colaborado en algunas revistas del país y en los periódicos El Día, Diario Comercial, así como en algunas pláticas por radio.

Ha sido presidenta, por dos veces, de la Asociación de Mujeres Universitarias Hondureñas.

Socia honoraria del Sindicato de Educadores del Azuay, en la República del Ecuador.

Miembro del Colegio Médico Hondureño.

Desde octubre de 1949 hasta la fecha, tiene instalada su clínica en Comayagüela, Calle Real, frente a la Escuela de Ingeniería, en unión de su hermano Asdrúbal.

EL PASADO, EL PRESENTE Y EL FUTURO DE COMAYAGUELA

Escribe: POLINA DESKALSY

Comayagüela, la hermana gemela de Tegucigalpa, a partir del 2 de marzo de 1898 se declaró parte integrante de la capital de la República; anteriormente, y por Decreto Diocesano del 30 de octubre de 1893, la iglesia de Comayagüela fue exaltada a la categoría de parroquia; y por Decreto Legislativo del 10 de julio de 1897, el Dr. Policarpo Bonilla le confirió el título de ciudad.

Con todas las circunstancias favorables que Comayagüela ha tenido siempre, estaba llamada a ser, no sin razón, «La Ciudad del Porvenir», de un porvenir fructífero y lleno de esperanzas para figurar como parte integrante de nuestra capital. Hoy en día, el adelanto material y cultural han colocado a Comayagüela en un nivel superior, y con probabilidades cada vez mayores de llegar a ser una gran ciudad. Todo le favorece: su topografía, su situación geográfica y la gran cantidad de hombres ilustres que ha dado al país, que día a día se esfuerzan por dar realce y renombre a esta pintoresca ciudad de Comayagüela.

Geográficamente, Comayagüela está situada en un terreno francamente irregular, lo que favorece su belleza de paisajes. La parte central está situada entre los cerros de El Berrinche, Juana Laínez, Las Crucitas y El Sipile; cuatro grandes centinelas que, como las pirámides de Egipto, son la historia de un pueblo en marcha que va a pasos agigantados hacia la superación económica y cultural de Honduras.

Limitan a Comayagüela: por el norte, Tegucigalpa y la aldea de El Cerro Grande; Jacaleapa, Agua Salada y Santa Rosa, por el este; Yaguacire, Las Casitas y Mateo, por el sur; Lepaterique y parte de la aldea de Támara, por el occidente.

COMAYAGÜELA EN EL PASADO

Remontándonos a la parte histórica, cuenta la tradición que Comayagüela fue poblada a mediados del siglo XVI por indígenas de origen mexicano o azteca, quienes venían del pueblo de Jano, en los alrededores del actual departamento de Olancho; esos primeros habitantes se situaron primero en la montaña de Jutiapa, bajando después a los Llanos del Potrero y Toncontín. De este lugar se vinieron poblando las márgenes del río Choluteca, hasta llegar a lo que hoy es Comayagüela.

La leyenda cuenta que los habitantes de Jano se vieron obligados a venirse a estas tierras porque los habitantes de La Mosquitia, en el departamento de Colón, se robaban a los niños de Jano, que con frecuencia iban a traer agua o a bañarse al río; entonces, el rey, compadecido de esta pobre gente, les había ordenado trasladarse a vivir más al interior del país, para librarlos de las invasiones que continuamente hacían los xicaques o mosquitos, y fue así que se vinieron a fundar lo que hoy es Comayagüela. A favor de esta leyenda existen en Jano dos ríos: uno se llama El Carrizal y el otro Comayagüela; y entre nosotros, una de las aldeas del municipio de Comayagüela se llama El Carrizal y el propio municipio Comayagüela.

Hay otros que creen que los primeros habitantes de Comayagüela vinieron de Lejamaní, al occidente de Comayagua, pues los rasgos físicos de aquellos habitantes y los de La Cuesta, El Carrizal y otras aldeas se asemejan bastante. Para dar más fuerza a esta opinión existe lo que se llama el antiguo guancazgo, o sea el cambio de visitas entre las patronas titulares de ambos pueblos: Lejamaní y Comayagüela. Un año viene a Comayagüela la Dolorosa de Lejamaní y al año siguiente va la Virgen de Candelaria de Comayagüela a Lejamaní. Este cambio de visitas se viene sucediendo desde principios del siglo XVII y ha sido una costumbre tan arraigada entre los habitantes de ambas ciudades que ni el invierno más torrencial los detenía, porque fue una obligación legada por los antepasados, con la condición de no interrumpirla, porque desde el mismo momento en que la interrumpieran serían víctimas de muchas desgracias como castigo de Dios.

Anteriormente, la visita de la Virgen de Lejamaní se llevaba a cabo en los meses de septiembre u octubre; pero en una ocasión, el río del Hombre echó una gran creciente que escapó de arrastrar a la patrona junto con la comitiva, y entonces se acordó pasar la visita al mes de febrero, cuando ya han pasado las lluvias. Todavía hoy en día, la Virgen de Candelaria de Lejamaní visita a la patrona de Comayagüela, precisamente en los mismos días en que se celebra la fiesta de la patrona de Honduras en el santuario de Suyapa.

El guancazgo se explica como un medio de conciliación entre dos pueblos que quizá en otro tiempo tuvieron sus rencillas, ya sea por límites territoriales o ejidos, y el celo de una costumbre religiosa, impulsada quizá por lazos de confraternidad, se llevaba a cabo entre parientes lejanos de un pueblo a otro.

Los primitivos habitantes de Comayagüela fueron indios puros; pero después de la llegada de los españoles, los indígenas se fueron retirando a los alrededores y fueron poblando lo que hoy son las aldeas de La Cuesta, El Carrizal, La Soledad, San Matías, etc.

La iglesia de Comayagüela fue construida entre los años de 1788 y 1796. Antes de la iglesia existía una ermita que hacía las veces de templo, en el lugar donde existen los tapiales del proyecto de un calvario. Varios fueron los hombres que dejaron su trabajo en la parroquia, tales como: Juan Anselmo Vargas; el pintor José María Gómez; el herrero Sixto Bustillo; uno de los canteros, Manuel Alvarado; el calero Martín y el maestro albañil Teodoro. De estos dos últimos no se sabe su apellido, que, así como los grandes hombres son recordados por sus nombres —como Miguel Ángel, Napoleón o Julio César—, así estos señores pasaron a la historia de Comayagüela como hombres importantes; tan importantes que nunca se supo su apellido, solamente se conocen sus obras, que hoy son vivo recuerdo de nuestra pintoresca Comayagüela, cuando empezaba a dar los primeros pasos de la civilización.

Con la fuerza del músculo de esos hijos que ayudaron al progreso material de Comayagüela, el 8 de diciembre de 1796 fue inaugurada solemnemente la iglesia de esta ciudad, ante las autoridades eclesiásticas, municipales y con el júbilo de todo el pueblo de Comayagüela y de las aldeas vecinas.

Comayagüela va progresando paso a paso hacia un porvenir mejor; sus habitantes empiezan a sacudirse el yugo de los españoles. A los nativos de Comayagüela llega el eco del grito de independencia de los Estados Unidos del Norte. El gobierno español en Centroamérica empieza a tambalearse sobre su pedestal de injusticias para los pobres indígenas de la América Central. A los representantes de los reyes de España se les hace una atmósfera insoportable y amenazadora; los pobres indios pedían la libertad y las protestas a voz baja corrían de un lugar a otro.

En vista del ambiente inquietante en que se vivía, el señor Antonio Tranquilino de la Rosa, gran enemigo de los independientes, lanzó la idea de conservar en la alcaldía de Tegucigalpa a los señores Juan Judas Salavarría, don José de la Serra y don José Irribaren, que eran españoles y, por lo tanto, fieles a la Corona de España. En vista de tales arbitrariedades e injusticias, el valiente pueblo de Comayagüela empieza las maquinaciones de una futura independencia.

El descontento del pueblo fue progresando y, en la mañana del 1.º de enero de 1812, los vecinos de Comayagüela, La Plazuela y San Sebastián, y los de Jacaleapa, se presentaron a la plaza de Tegucigalpa en número de 200, bien armados de palos y machetes, dispuestos a que los españoles Serra y Salavarría no tomaran posesión de sus cargos.

De boca en boca corría el estribillo sencillo, pero muy espontáneo y de mucha significación para los momentos por los que atravesaba la ciudad:

Si quieren que no haya guerra
y todo sea alegría,
que renuncie Salavarría
con su compañero Serra.

El señor cura Márquez tomó cartas en el asunto y se hizo presente en la sala consistorial para persuadir a la municipalidad de que debían depositar las varas en personas gratas al pueblo. En vista de las circunstancias amenazadoras, dispusieron depositar la vara en los señores José Manuel Márquez y Joaquín Espinoza como regidores, y a don Miguel Eusebio Bustamante en lugar de don José Irribaren.

El 1.º de enero de 1812 es una fecha gloriosa para el pueblo de Comayagüela, porque fueron ellos, junto con los de La Plazuela, San

Sebastián y Jacaleapa, quienes iniciaron el movimiento independiente en Honduras.

Comayagüela y Tegucigalpa, que con el correr del tiempo iban a formar parte de la capital de la República, unidas por los mismos anhelos de superación, estaban separadas por el río Choluteca, y durante el invierno quedaban del todo incomunicadas por las grandes crecientes de este río y paralizado el comercio. Para remediar un poco esas dificultades, el señor cura José Francisco Pineda mandó colocar una hamaca, y se vio la necesidad de un puente que comunicara las dos ciudades, que viniera a relacionar más a los habitantes y a incrementar las relaciones comerciales.

En el año de 1817 se inició la construcción del puente antes mencionado, en el lugar que ocupa el puente Mallol, bajo los auspicios del alcalde Simeón Gutiérrez, quien hizo un llamamiento a fin de que todo el pueblo, en los días feriados y festivos, acarreara piedra al toque de las campanas. Y al hacerse cargo de la alcaldía don Narciso Mallol, dio principio a los trabajos, los cuales se terminaron pocos días después de su muerte, en el año de 1821. Ese puente fue llevado por una creciente del río Choluteca el 23 de octubre de 1822; casi inmediatamente después se procedió a reconstruirlo, aumentándole dos arcos más del lado de Comayagüela, habiéndolos terminado en 1823. El 12 de octubre de 1906 llovió mucho en la ciudad y nuevamente el puente soportó las consecuencias, y fue partido en tres pedazos, siendo presidente de la República don Manuel Bonilla. La reconstrucción se hizo inmediatamente y fue terminado en la administración de don Miguel R. Dávila.

Comayagüela ya contaba con 1,499 habitantes y, por lo tanto, vislumbraba la necesidad de tener su propio ayuntamiento. Lo solicitó varias veces al alcalde Mallol, y siempre fue denegado, hasta que el 17 de noviembre de 1820 le fue concedido su deseo, y pasó a elegir su propia Municipalidad, dejando de ser el antiguo cabildo de indígenas que existía desde el año de 1806. Fue el primer alcalde de Comayagüela don Juan Roque.

En el año de 1877 se inauguró la primera escuela para niñas, y Comayagüela empezó así su progreso cultural. En el año de 1845 se construyó el antiguo cabildo de Comayagüela, y bajo la administración del Dr. Francisco Bertrand se hizo la construcción del edificio, en los años de 1915 a 1917, siendo el jefe de la comuna don Francisco Valladares; ese fue el edificio que ocupó el ayuntamiento hasta que fue suprimida su Municipalidad para formar parte del Distrito Central.

Siendo presidente de la República don Juan Lindo, y en vista de los progresos de Comayagüela, el Congreso, por decreto de 22 de agosto de 1849, la elevó al rango de villa, permitiéndose celebrar una feria cada año, que empezaría el 8 de diciembre, y que hasta la fecha se sigue celebrando, con giro cultural desde hace aproximadamente unos quince años.

En el año de 1860 se puso al servicio del público el cementerio de Sipile, siendo alcalde don Martín Sosa. Nunca faltaban las montoneras entre los comayagüelas y los habitantes de los pueblos circunvecinos, librándose verdaderas batallas en los Llanos del Potrero; los curarenes eran unos de los que más hacían revueltas.

Tanto en las administraciones de Soto y Bográn, los comayagüelas tuvieron gestos de valentía, colocándose siempre al lado de la justicia y la razó a favor de sus conciudadanos.

La ciudad progresaba y se hacía necesario un lugar público para puestos de venta. Anteriormente, los vendedores hacían sus ventas en los corredores del cabildo municipal, con la consiguiente dificultad; después fueron trasladados a la boca del puente, hasta que se les obligó a pasarse al mercado de Los Dolores, en Tegucigalpa, con la protesta del pueblo ante tal disposición del señor Longino Sánchez. Fue entonces cuando se acarició la idea de construir un mercado público para Comayagüela, y fue así que se construyó el mercadito El Progreso, que prestó sus servicios hasta el año de 1908, en que fue terminado el actual mercado de San Isidro, bajo la iniciativa del Gral. Benjamín Henríquez, el que fue incendiado en 1924, en la administración del Gral. López Gutiérrez, pero fue reconstruido en la administración del Dr. Miguel Paz Baraona.

En el año de 1890, durante la administración del Gral. Bográn, las dos municipalidades de Tegucigalpa y Comayagüela se habían puesto de acuerdo para fusionarse; pero después de un acuerdo cuidadoso de parte de los comayagüelas, la fusión no se llevó a cabo por oposición de la mayor parte del pueblo, y el intento fracasó.

Posteriormente, Comayagüela siguió su marcha de progreso a pasos agigantados, figurando hoy en día como uno de los municipios de más adelanto cultural en la República.

En el año de 1933 inicia su gobierno el Gral. Carías y con él don Fernando Zepeda Durón como alcalde de Comayagüela; la población aumenta bastante y aparecen nuevos barrios para los pobres; las escuelas rurales aumentan en todas las aldeas circunvecinas a Comayagüela; la tradicional feria de Concepción cambia sus derroteros y deja de ser un centro de corrupción para convertirse en una serie de actos culturales.

En el año de 1936 llega a la Alcaldía Municipal don José F. Gómez, y con él se inaugura la primera exposición industrial y artística, con el resultado más sorprendente y beneficioso para el país. Ha sido una de las fiestas más concurridas; a pesar de que la exposición fue local, sí se dio el primer paso para una futura exposición industrial de todo el país. Y así fue que en el año de 1937 se llevó a cabo la Primera Exposición Nacional, bajo la alcaldía de don Fernando Zepeda Durón, quien nuevamente había sido electo para regir los destinos de Comayagüela. La exposición fue un éxito y sirvió para dar impulso a la industria, la agricultura y la ganadería. La feria se vio visitada por habitantes de toda la República, y hubo comentarios encomiásticos para la Municipalidad de Comayagüela.

Posteriormente se siguieron sucediendo las exposiciones, pero ninguna ha tenido el éxito de esta Primera Exposición Nacional. Desde que empezó la Segunda Guerra Mundial, la exposición no se siguió llevando a cabo en una forma general para todo el país por la carestía de los medios de transporte, que ofrecía serias dificultades para los agricultores e industriales al traer sus productos hasta la capital.

En el año de 1937, por decreto especial emitido por el Poder Legislativo, Tegucigalpa y Comayagüela fueron fusionadas en una sola Municipalidad. Desde entonces, Comayagüela y Tegucigalpa perdieron su autonomía municipal, para quedar regidas por autoridades distritales nombradas por el Poder Ejecutivo.

Así como Comayagüela ha tenido un pasado histórico, rico en episodios gloriosos, que hablan muy en alto tanto del valor patriótico de los comayagüelas como de su amor acendrado por el pedazo de tierra del cual son nativos. Aún persiste un regionalismo marcado entre sus habitantes, aunque hoy en día, con el progreso cultural de sus habitantes, ha ido desapareciendo, pero aún no ha llegado a desaparecer del todo, y ya ha habido conatos de movimientos separatistas, con el propósito de volver a la antigua autonomía municipal.

Comayagüela también es rica en leyendas históricas y supersticiones que enriquecen el folclor regional, y también nacional. Vale la pena hacer mención de algunas de tales leyendas, que han ido pasando de boca en boca desde nuestros más remotos antepasados hasta nuestros días.

La imaginación del hombre llegó a tal extremo que hizo la leyenda del convenio o pauta con el diablo para hacerse rico. Al sudoeste de Comayagüela existe el cerro o colina de Torocagua, en donde se decía que existía una cueva tan grande que se prolongaba hasta cerca de Danlí. Allí vivía el Diablo, con todas sus riquezas, quien las cedía a quien hiciera un convenio con él o se empautara. Para poderse empautar con el Diablo, había que entrar en tinieblas a la mencionada cueva, donde un gran toro con ojos de fuego lamía a los iniciados a no más entrar. Detrás del toro estaba una serpiente, cuyas fauces recibían al visitante; después pasaba frente a un gran sapo de oro, para de allí pasar a los grandes salones donde el Diablo guardaba sus riquezas. La tradición cuenta que en estos salones se encontraba un millonario de Comayagüela, demoliendo huesos y con una hermosa cadena al pie. Era tal la necesidad del pueblo que se sometían a esas torturas para hacerse ricos de la noche a la mañana.

La imaginación del pueblo siempre ha rodeado de misterio las cuevas o grutas oscuras, y en jurisdicción de Masaguara, cerca de Santa Rosa, conocí una gruta excavada en piedra viva, que cuentan los moradores era la salida de la cueva del Diablo de aquí de Comayagüela, que el tiempo la ha ido cerrando; la mencionada cueva la llaman la Cueva del Fierro, porque justamente en una de sus paredes tiene grabado un fierro gigantesco con el cual se cree que el Diablo marcaba a sus empautados.

La antigua creencia de que el Diablo habitaba el cerro de Torocagua tomó más importancia cuando murió Paulino Reyes; el ganado que este poseía desapareció después de su muerte, y entonces se dijo que estaba empautado con el Diablo, y que, al no más morir, el Diablo había venido a recoger sus intereses que le pertenecían.

Justo Vargas, muchacho como de 15 años, fue por orden de su mamá a sabanear un caballo. Se encontró con don Juan Ramón García, quien salía de la cueva del Diablo con gran cargamento de plata al hombro y con traje de Adán. García contó su dinero al sol porque estaba enmohecido, en presencia de Vargas; este salió corriendo a contar a su mamá lo que había visto en las inmediaciones del Torocagua.

La Burrera se llama uno de los barrios de Comayagüela, y no deja de tener su leyenda, a la que debe su nombre. En tiempos muy remotos, Comayagüela fue invadida por una enfermedad epidémica que atacaba a los burros, que llamaban "la enfermedad de los burros". Los apacibles animales que eran atacados de tal enfermedad iban a morir al mismo lugar, al que hoy se llama La Burrera. Tal leyenda no deja de tener un tanto de similitud con la muerte de los elefantes africanos, que buscan un solo sitio para dejar allí sus cadáveres. La quebrada de La Burrera se convirtió en aquel entonces en el cementerio de los burros.

El pueblo me lo contó
y yo al pueblo se lo cuento
y de la verdad del cuento
responde el pueblo y no yo.

El Puente Mallol tiene su leyenda. Cuando se estaba construyendo, un indio de Comayagüela tenía su novia en Tegucigalpa, y una noche prometió a su novia ir a hacerle su visita, para llevar a cabo esa misma noche los planes de fuga que ya desde hacía días venían preparando.

Al llegar a la orilla del río Choluteca, había crecido de tal manera que le fue imposible pasarlo. El galán, al ver que sus planes se habían frustrado, vociferó contra todos, maldijo al invierno y llegó a ofrecer su alma al diablo si bajaba la creciente para poder ir a visitar a la dueña de sus amores.

La noche era muy oscura como la boca del lobo, y a la exclamación desesperada del joven galán, la noche fue iluminada de improviso por una claridad que duró pocos segundos; al volver la oscuridad, al lado del galán enamorado estaba un hombre montado en una mula inquieta y arisca, que constantemente coceaba furiosa y hacía saltar chispas de las piedras, y de los ojos del jinete salían llamas de fuego.

El enamorado no se inmutó por tal aparición, y se enfrentó al desconocido y extraño personaje y empezó a platicar con él. El aparecido se ofreció a construirle un puente para que él pasara, el cual estaría terminado antes de que cantara el primer gallo, y a cambio le entregaría su alma.

El enamorado, que era fiel a su palabra empeñada, ofreció su alma a cambio de poder llegar a la otra orilla del río, donde su dulcinea lo esperaba impaciente. El diablo, que había ofrecido la construcción del puente, con una ligereza vertiginosa dio principio a su obra. Llegó la madrugada y el señor del gallinero dio su primer canto, y la obra no había sido terminada. El diablo, al oír el canto del gallo, con todo y su mula, se lo tragó la tierra.

A pesar de las promesas del diablo, el galán enamorado no pudo ver a su novia en aquella noche, porque el puente no fue terminado. Al día siguiente, el pobre niño enamorado estaba tratando de poner las piedras para construir el puente, y gritándole desesperadamente a su novia. El pobre estaba loco.

EL SIRENO ENAMORADO

Hay una leyenda poética referente a una joven hermosa de la familia Gómez, que acostumbraba bañarse todos los días en la poza del Carrizal, donde un enamorado de ella trató de seducirla, cosa que no fue difícil; y de aquel amor nació una hermosa niña con rostro de mujer y cuerpo de pez.

Los habitantes de la ciudad la molestaban mucho y pidió que la dejaran vivir en el agua. Para tal fin fue llevada a la Poza del Tabacal, que se había aterrado, pero la consideró muy grande para ella, y fue dejada en definitiva en el pozo de la Crucita; tampoco le pareció y pidió que la llevaran a la laguna de Santa Ana, en donde aún vive, siempre encantadora, al lado de su padre, y preguntando a todo el que pasa si todavía hay descendientes de la familia Gómez para contener las aguas, pues ha ofrecido que, en cuanto acaben sus parientes, inundará a Comayagüela.

TEATROS DE COMAYAGÜELA

En los tiempos pretéritos, Comayagüela carecía de diversiones nocturnas; no había teatros. De ahí que, por el año 45, vivía un viejo muy aficionado a las representaciones teatrales, si es que así se puede llamar a tales exhibiciones.

Este señor, en compañía de sus dos hijas, daba funciones en los patios del cabildo municipal. Por todo adorno había unas cortinas de percala blanca, colgadas en lo que se hacía llamar escenario. La iluminación la hacía con ocote rajado, colocadas las astillas encendidas en las esquinas del escenario, y los copos de humo que tales luminarias producían acababan de adornar el rostro de las artistas.

El viejo cantaba y se acompañaba al violín, y adaptaba sus representaciones al gusto de los espectadores, que todos salían satisfechos.

Posteriormente, y al empezar el siglo XX, vino Serapio López con su primer circo. Fue quien hizo las primeras representaciones de prestidigitación, quien elevó el primer globo, quien presentó la mariposa sin alas, y por muchos años fue el centro de atracción de los comayagüelas.

El primer teatro fue construido allá por el año de 1933 y se llamó Teatro Apolo, en el mismo lugar donde se encuentra el Teatro Moderno.

COMAYAGÜELA EN EL PRESENTE

Comayagüela en el pasado es rica en leyendas históricas, tradiciones novelescas, producto de la imaginación de nuestros antepasados. Épocas de batallas sangrientas, de luchas de hermanos contra hermanos, verdaderas luchas fratricidas, que cada año se sucedían con motivo de las elecciones municipales.

Hoy en día, Comayagüela es un pueblo tranquilo, donde sus habitantes, tanto del municipio como de los alrededores, se dedican al trabajo de la agricultura, la ganadería, algunas industrias, a la enseñanza docente, y se ha transformado en un pueblo laborioso que ha echado tierra a su pasado, para dirigir sus derroteros en aras del progreso y de la cultura nacional.

En el aspecto cultural, celebra su tradicional Feria de Concepción en un ambiente mejor; se llevan a cabo exposiciones de arte, de industrias, certámenes literarios, contiendas deportivas, conferencias, veladas lírico-literarias y una serie de actos tendientes cada día a elevar el nivel cultural de sus habitantes.

En el aspecto material, las urbanizaciones para pobres y verdaderos barrios residenciales surgen cada día en medio de antiguos pajonales. Los barrios de Belén, Concepción, Lempira, La Granja y Toncontín son muestras palpables del aumento considerable de la población en Comayagüela.

En 1933, Comayagüela contaba solamente con dos escuelas públicas: la Lempira, para varones, y la República Argentina, para niñas, ubicadas en un moderno y elegante edificio en donde alrededor de 1,300 niños reciben el pan de la instrucción.

En el barrio de La Bolsa ha sido necesaria la instalación de la Escuela República del Brasil, y en el barrio de Belén, la Escuela Monseñor Ernesto Fiallos. Anexa al Instituto de Señoritas funciona la Escuela de Aplicación República del Paraguay, y además está la Escuela Mixta Dionisio de Herrera.

El Instituto Normal de Señoritas cuenta hoy día con un moderno edificio, lo mismo que su anexo del internado, en donde funciona también el Kindergarten Nacional.

La Terminal Aérea de Toncontín es uno de los edificios mejor instalados de Centroamérica, y al terminarse la pista ofrecerá un magnífico aeropuerto a la navegación aérea. Todos los alrededores de Toncontín están siendo urbanizados, y es hacia allá donde la población se está extendiendo.

Cuenta Comayagüela con un servicio de agua potable, con sus pilas de distribución en el lado norte del Country Club y con una capacidad de un millón de galones. Aunque el agua de Comayagüela es abundante, no ofrece todos los requisitos que debe reunir el agua potable, por lo que se hace más que necesario, indispensable, la purificación del agua, para salud de sus habitantes.

Comayagüela ha sido cuna de hombres ilustres, que se han destacado en todos los campos de las profesiones, y hoy en día las ejercen con dedicación y buen nombre.

Comayagüela cuenta con centros de salud de gran movimiento: la Policlínica S. A., el Centro Médico, la Casa de Salud del Dr. Gustavo Adolfo Zúniga y la Casa de Salud del Dr. Manuel G. Zúñiga.

El Dr. Hernán López Callejas tiene un laboratorio bien equipado, y las casas de salud antes mencionadas, además de sus laboratorios, tienen sus departamentos de rayos X. Las farmacias son numerosas y tienen un movimiento grande de recetario, porque los médicos que ejercen su profesión en la vieja Villa de Concepción son numerosos.

El Centro Médico acaba de inaugurar las construcciones de su moderno edificio propio, en el barrio de La Granja. Cuenta con un mercado que en su tiempo fue amplio, pero que hoy ofrece muchas deficiencias y resulta pequeño dada la densidad de la población. Cuenta con una fábrica de hilados y tejidos, con la fábrica de fósforos, con un molino harinero y un molino de café, donde un gran número de obreros prestan sus servicios.

Las clínicas privadas de los médicos son numerosas y algunas de ellas bastante modernizadas, ofreciendo trabajo eficiente a los habitantes que van en busca de salud.

Comayagüela ha sido cuna de hombres de renombre, para el caso el Dr. Rómulo E. Durón, historiador y gran jurisconsulto, de quien son hijos: el licenciado Jorge Fidel Durón, actual rector de la Universidad, y el licenciado Jacinto Octavio Durón, embajador de Honduras en Guatemala.

Valentín Durón y Miguel A. Navarro, grandes polemistas; Inés Navarro, hermano del anterior, quien es el autor de la primera monografía de Comayagüela; Juan Ramón Molina, gran poeta y catalogado como el mejor de Honduras; Luis Andrés Zúñiga, ha dado al continente sus «Fábulas» de gran mérito; poeta, cuentista y dramaturgo, el poeta laureado de Comayagüela; Basilio Gómez, sacerdote y escritor; María Luisa Herradora, gran maestra y gran escritora didáctica; Rafael Coello Ramos, maestro de la música; Rafael Trejo Castillo, versificador; Alfredo Trejo Castillo, historiador y periodista; Alonso A. Brito, gran comediógrafo y fue el cantor de los niños; Salvador Turcios R., historiador; Ricardo D. Alduvín, gran médico, prosista y polemista; doña Ubaldina España de Esguerra y doña Consuelo España de Escorcia, cultivan el cuento que deleita a los niños, grandes maestras; Rafael Heliodoro Valle, cuya obra literaria y su carrera de historiador y bibliógrafo de grandes méritos han hecho que su nombre resuene en toda América; actualmente es nuestro embajador en Washington; Pedro Rivas, escritor e historiador; Fernando Zepeda Durón, cultiva el periodismo, ha sido alcalde de Comayagüela dos veces; Luis Amílcar Raudales, maestro y cultiva la historia anecdótica; Guillermo E. Durón, exdecano de la Facultad de Farmacia; Bernardo Galindo y Galindo, maestro de maestros; Guillermo Bustillo Reina, abogado y poeta; Miguel Navarro h., maestro y moralista; Isabel de Weinauer, cuentista y autora de obras didácticas; Cristina Hernández de Gómez, directora de la «Revista Atenea»; Vicente Machado Valle, periodista; Marco Antonio Ponce, fino poeta y gran deportista; Santos Juárez Fiallos, maestro, abogado y escritor; Armando Cerrato Valenzuela, escribe y hace historia de su patria, ganador de varios concursos literarios; Raúl Estrada Discua, artista hecho en México junto con Enrique Galindo y Galindo.

El desfile de hombres importantes por su cultura, por su arte y por las letras puede seguir indefinidamente, pues Comayagüela, a pesar de ser tan pequeña, encierra una pléyade de hombres ilustres que han sido y siguen siendo gloria de Honduras, que actualmente se enorgullecen de ser de Comayagüela y enorgullecen a Comayagüela de ser sus hijos.

COMAYAGÜELA EN EL FUTURO

En esa pléyade de hombres de talento y de espíritu emprendedor es de donde va a surgir la "Comayagüela del Porvenir", la ciudad grande y poética, arquitectónica y colonial, puerta de entrada de la capital de Honduras.

A Comayagüela le depara un gran porvenir: tiene cultura, tiene belleza y tiene hombres patriotas que desean hacer del pedacito de tierra que les vio nacer una gran ciudad, donde el trazo de sus calles y la fertilidad de la tierra, la modernización de sus construcciones y el surgimiento cada día de barrios residenciales hacia el sur de la ciudad, la colocan, por razones de justicia y de mérito, llamada a formar parte de la capital de Honduras.

Mucho falta que decir de Comayagüela y mucho que hacer por Comayagüela. Somos nosotros, los nacidos aquí, los que debemos poner un granito de arena en el resurgimiento de esta bella ciudad. Del trabajo conjunto de sus hijos, unido a la obra de reconstrucción de la ex Villa de Concepción que están llevando a cabo las autoridades, saldrá en un futuro no muy lejano la bien llamada "Ciudad del Porvenir".

Por el porvenir de Comayagüela va este trabajo literario, como mi contingente personal a las festividades de la tradicional Feria de Concepción.

**ESCRITORA MARCELINA BONILLA.
(SERRANA).**
Ganadora de una Mención Honorifica.

ESCRITORA MARCELINA BONILLA

La profesora y escritora doña Marcelina Bonilla nació en la ciudad de Marcala, departamento de La Paz. Fueron sus progenitores el doctor don Pedro H. Bonilla y doña Petrona Raudales de Bonilla, ambos fallecidos.

Sus primeros estudios los hizo en Marcala y en Tegucigalpa, y finalizó la primaria en la Escuela Normal de Señoritas de San Salvador. Sus estudios superiores los verificó en el Colegio «La Asunción», de León, Nicaragua, obteniendo el título de maestra de primera y segunda enseñanza.

La profesora Bonilla ha trabajado en varias escuelas primarias del país, entre ellas las de Marcala, Amapala, Tegucigalpa, etcétera.

Ha colaborado en varios periódicos y revistas, tales como: «El Cronista», «El Tiempo», «El Nuevo Tiempo», Revista Tegucigalpa, «La Revue de l'Amérique Latine» en París; ha traducido Tendre folie, del francés al español, y «El Vampirón», del español al francés. También ha publicado una monografía de Marcala y un diccionario histórico-geográfico, cuya segunda edición está lista para ir a las cajas, corregida y aumentada.

Por haberse traspapelado en los archivos del Distrito Central el original del interesante trabajo en prosa titulado «Los indios de Comayagüela», de que es autora la profesora doña Marcelina Bonilla, y que mereció una mención honorífica, publicamos en su lugar otro no menos importante bajo el título de «La Avenida de los Poetas».

—Nota del encargado de esta publicación, R. R. Z.

LA AVENIDA DE LOS POETAS

Página de historia.—La vida de una arteria citadina

La arteria principal de la Villa de Concepción, antaño, hoy la populosa y pujante ciudad de Comayagüela, hermanita de la señorial ciudad del Cerro de Plata, que cantara bellamente el ilustre cubano José Joaquín Palma en sonoras estrofas de amor y gratitud, a la que fue para él remanso de tranquilidad en su agitada vida, es una ancha cinta que va del más antiguo de los puentes que sobre el río Grande duerme su sueño de siglos hacia el otro, el Guacerique, de cuya límpida corriente nuestras abuelas hacían traer el apetecido e indispensable líquido en grandes tinajas o cantaritos rojos de Ojojona, cada mañana, siendo condición expresa recogerla del medio de la corriente.

Siempre fue esta hermosa calle la parte vital hacia donde convergían inquietudes e intereses de las aldeas y villorrios circunvecinos. Y si bien, a veces, un cruel invierno arrollaba en su furia los puentecillos sobre las aguas de su río que construían los ediles de la Villa —interrumpiendo el ir y venir de sus gentes—, pronto tendían uno nuevo y vivían así, reparándolo, mudándolo y reforzándolo con sobra de voluntad y escasez de tecnicismo, hasta que, a fines del siglo pasado, un ilustre hijo de Tegucigalpa, a la sazón gobernante de Honduras, al construir para los indios de Comayagüela el sólido puente de mampostería que por más de cincuenta años soportó impertérrito todo el tráfico del sur, desafiando las correntadas de las crecidas aguas del río, calmó plenamente las inquietudes de sus hijos. ¡Loor a su solidez jamás desmentida! ¡Loor a su firmeza de granito inmóvil! ¡Loor a los mil servicios prestados!

Entre estos dos puentes, la hermosa calzada —la Calle Real—, ancha, empedrada a la usanza española, se convirtió en arteria de vida, en paseo dominical de las bellas capitalinas, quienes en pintorescos grupos desfilaban hacia Guacerique. La explanada de su nombre, cubierta de grama natural, fue el lugar de cita de las bellas que, desde su pequeña altura, galerías al sol de su primitivo estudio, contemplaban, admiraban y premiaban las proezas épicas de los gallardos mancebos de días de feria; sirvió también de marco a lucidas pruebas de jinetes en hermosos alazanes o blancos potros de brillantes crines y soberbia alzada.

En aquella lejana época en que se desconocía el ruidoso estruendo de artefactos motorizados, los señores capitalinos dedicaban muchas horas de su vida al lujo de sorberse los vientos, jinetes en briosos y bien cuidados caballos, haciendo resonar sus herrados cascos por la hermosa calzada de Guacerique. Y más de media docena de hermosas cabezas asomaban por las ventanas para corresponder con un gracioso ademán al entusiasta saludo.

Años más tarde, manos pródigas sembraron con entusiasmo y cariño regular número de gravileas (muy de moda a la sazón), que en poco tiempo elevaron sus verdes cumbres en busca de sol, sombreando la avenida, refrescando el ambiente y proporcionando suavidad y descanso a los ojos cansados. Ya los faroles de gas habían sido reemplazados por los modernos focos de luz eléctrica.

Si los romances vividos entre parpadeos de sombra y claridad escribieron instantes de dicha entre los mejores recuerdos de nuestros antepasados, a la sombra protectora del verde follaje, bajo la suavidad lunar o la difusa luz eléctrica, se bordaron también fantásticos idilios, se vivieron horas plenas de alegría y solaz. Cabe los balcones perfumados de claveles y jazmines sonaban dulcemente los arpegios que manos maestras arrancaban a las guitarras y mandolinas. Los enamorados se sentían ampliamente recompensados si algún pequeño indicio, como la discreta luz filtrándose por la rendija indicadora de vigilia, bastaba al empeño de llevar, cuando la quietud envolvía el ambiente de la coquetona ciudad, un destello de esperanza a los corazones apasionados.

Por las mañanas, lucían sus auténticas indias el aire garboso de su andar zandunguero, ofreciendo frutas frescas, verduras húmedas de rocío, cuajada tierna y suave mantequilla. Salían al titilar de los últimos luceros para entrar muy de mañanita, y la Calle Real se llenaba del alegre rumor de sus sabrosas charlas, picarescas a ratos y siempre alegres. Interminable fila de borriquillos o fuertes caballos, seguidos del peculiar chirrido de campesinas carretas, invadían la calle: "¡Leña, compre la leña, patrona!"… En tanto que, envueltas coquetonamente en chales de seda, de brocado o de crespón, las niñas de Tegucigalpa, en grupos, chaperoneadas por alguna tía o pariente mayor, madrugaban también a Guacerique para tomar leche caliente al pie de la vaca, tan saludable, al decir.

Y así, la vida diaria se desarrollaba en torno a la gran arteria entre dos puentes; a la sombra de sus naranjos en flor, cerca del puentecito de Guacerique, suaves idilios llenaron una vida. Bajo los arcos de ese puente se tomaban los mejores baños, llenos de sol, en plena naturaleza.

Alguien llamó a esta hermosa calle tan llena de colorido y de recuerdos «La Avenida de los Poetas». Y a fe que jamás un nombre encajó mejor. «La Avenida de los Poetas», mejor que Calle Real, calle de Guacerique o el muy prosaico «Segunda Avenida».

Nombre de recuerdos: Juan Ramón Molina, el amado del pueblo, gran señor de la pluma y del estilo, insigne cantor del río Grande: "Sacude, amado río, tu clara cabellera…" para no citar más que uno de sus incomparables poemas. Vio la primera luz de la vida en una humilde casita de la Calle Real, allá por Guacerique, a fines del siglo pasado.

Luis Andrés Zúñiga, gran fabulista, el poeta dos veces laureado, vino a esta Comayagüela también en la Calle Real. Este gran señor de las letras, cuyas «Águilas conquistadoras» se adueñaron de la juventud en vuelco de entusiasmo, vive aún rodeado de libros de versos y de recuerdos; y como vive aún honrando la patria el autor de «Jazmines del Cabo», otro ilustre hijo de Comayagüela que nació asimismo en la Calle Real.

Los hermanos Rómulo y Valentín Durón, escritores de mérito ambos, nacieron en la Calle Real de Comayagüela. Y en esa misma calle nació el recio escritor Guillermo Bustillo Reina, cuyos hermosos versos hemos gustado ampliamente.

La cuna de seis portaliras sobresalientes (por no citar más) se meció en esa vía, en esa hermosa calle de alegre pasado e interesante futuro; de esa calle que resonó al paso marcial de ejércitos vencedores en su entrada de triunfo; que acogió a los patriotas vocingleros y creyentes en días de fiesta.

Hermosa calle que conservas en tu ayer el eco de jornadas de civismo y de entereza, el recuerdo de grandes acontecimientos patrios, ya que Morazán mismo entró por ella en su regreso de «La Trinidad», vive para siempre como la inmortal «Avenida de los Poetas».

A principios del siglo que corremos de esta vida, a veces inútil, otras de mediana importancia y algunas, raras por cierto, de utilidad verdadera, la existencia de los habitantes de Tegucigalpa y Comayagüela, dos entidades con su propia y característica personalidad, se deslizaba en una paz y sosiego, igual a aquella que, con palabras maestras, nos describe el poeta francés en su pintoresca presentación de Quiquendone, el pueblecillo apacible en su novelita Un capricho del Dr. Ox.

En la época a que me estoy refiriendo, 50 años atrás, que a veces parece tan lejana y nebulosa como visión de sueños, las tardes de los domingos tenían un encanto especial, encanto que, para saborearlo, se necesita recordar la carencia absoluta de toda distracción. El cine era casi desconocido, pues, a excepción de algunas vistas fijas con las que se obsequiaba al pueblo en las grandes festividades patrias y que atraían al Parque Morazán aquella multitud ávida, no había nada más. A veces llegaban unas pobres compañías de acróbatas o grupos de representaciones teatrales de escasa importancia; pero que, interrumpiendo la diaria monotonía de la vida, entretenían a los habitantes de la ciudad y servían de tema obligado de conversación durante muchos días.

Las casas de las personas acomodadas se ubicaban naturalmente en la Calle Real, ya que puede decirse que Comayagüela era únicamente desde el puente Mallol hasta la iglesia y parque La Libertad, reputándose el resto como, efectivamente, pobres barriadas de indios de La Cuesta, quienes más tarde fueron emigrando hacia las aldeas y caseríos vecinos. Pues bien, en general, estas casas mantenían sus puertas cerradas, contentándose con abrir el portón o zaguán tempranito de la mañana para el acarreo del agua, la salida del caballo o mula que el señor mantenía en caballeriza y demás menesteres propios de la vida diaria.

Las niñas de la casa salían muy raramente, con excepción de las asistentes al Colegio de Señoritas que funcionaba del otro lado del puente Mallol. Era desconocido asimismo el empleo de mujeres en las oficinas del gobierno; particulares no las había; se contaba raramente alguna empleada del ramo de comunicaciones eléctricas, tras el aparato receptor-transmisor de mensajes.

Hacia las cuatro de la tarde de aquellos domingos, comenzaban las niñas a arreglarse lo mejor que podían para sentarse en sendas mecedoras o silletas de junco, abrir de par en par las puertas de la casa, con los negros cabellos sueltos y alguna flor prendida en ellos, esperando el paso de las señoritas de Tegucigalpa que, en regocijados grupos, se dirigían hacia el paseo de Guacerique —elevación cubierta de grama a ambos lados de la hermosa avenida— luciendo hermosos trajes de última moda, alegres sombreros o lujosos chales de seda.

Cerca del histórico puente de Guacerique, ya los galanes de la época rondaban esperándolas, y aunque llegasen muy acompañadas de sus dueñas o chaperonas, siempre había sitio para las miradas furtivas, las conversaciones de ojos o la interpretación de suspiros y palabras que no llegaban a pronunciarse y que sabían a gloria en aquellas tardes maravillosas e inolvidables...

¡Calzada de Guacerique, Avenida de los Poetas! ¡Cuántos romances se bordaron en tus bellos atardeceres, cuántas ilusiones nacieron bajo tu cielo y cuántos corazones, palpitantes de dicha, sorbieron con deleite tus brisas bajo el fresco verdor de tus hermosos árboles susurrantes y trémulos!... ¡Y cuántos viejos corazones palpitarán al evocar aquellos días tan lejanos, tan amados, tan inolvidables!

Un solo puente, el macizo puente Mallol, alrededor de cuya construcción sobraban las consejas y leyendas, unía la más hermosa avenida de Comayagüela con la colonial Tegucigalpa; y como todo entraba por dicha vía y todo salía también por ella, participaba en todos los acontecimientos de mayor realce que en ella se sucedían.

Así, en las fiestas patrias, era imponente y solemne el tradicional "Paseo de la Bandera". Al compás de fanfarrias militares y alegrísimos pasos dobles, nuestra insignia gloriosa, gallardamente tremolada muy en alto en las manos de hombres que orgullosamente la portaban. Nuestra hermosa avenida era prolijamente decorada desde muy temprano: lujosas cortinas y bellas guirnaldas floridas daban la nota del colorido; el ambiente crepitaba de rumores y músicas en espera del anhelado instante del paso triunfal de la Bandera augusta, de la Bandera santa; todos los corazones se hinchaban de entusiasmo en un solo grito de amor, y las miradas húmedas se fijaban amorosamente en sus benditos pliegues.

Las fiestas religiosas, tan típicas, tan criollas, tan nuestras, vivieron asimismo días de ventura en la arteria principal de la antigua Villa de Concepción. En ella lucieron más que nunca los más raros disfraces de indios en la fiesta guadalupana del 12 de diciembre, ya que antes se organizaba la solemne procesión de la Patrona de los indios en la propia Calle Real, siendo el lugar de cita la residencia de una de sus principales familias, la de doña Aurelia de Reina, a cuyo alrededor giraba el festival en torno a la milagrosa imagen que apareció a Juan Diego en los campos mexicanos.

La calle se tornaba pequeña para contener los centenares y miles de chiquillos, y también de mayores metidos dentro de los más novedosos disfraces, simulando todas las razas, que desde muy temprano lucían en un constante ir y venir, arremolinados e inquietos, bulliciosos y alegres durante varias horas.

Otras veces, a la solemne quietud cotidiana reemplazaba el inquietante rumor de voces que se llamaban para comunicar, por ejemplo, que el Excmo. señor jefe de Estado regresaría esa tarde de una larga gira por diferentes pueblos del país. Y eso era todo: el eco de cascos herrados arrancando chispas del empedrado, en un ajetreo inmenso de preparación para ir a la "tope", llenaba la calle.

Cada uno ansiaba ser de la comitiva, y había un verdadero pugilato en la escogencia de las mejores bestias para lucir las habilidades. Indudablemente eran muy lucidas esas maneras de salir a recibir a quien regresaba de una larga y fatigosa caminata.

Así podemos decir que tales entradas a la capital eran muy lucidas y llamativas: se abrían puertas y ventanas para disfrutar plenamente de aquel hermoso golpe de vista que pasó a la historia y que la "Avenida de los Poetas" supo gozar y lució en todo su esplendor.

Y fue también esa vía la salida obligada de los ejércitos del gobierno en viaje destructivo hacia los campos del sur o del norte, en la cacería del hermano. Y aunque la salida aparatosamente bélica llenara el aire de fanfarrias y ruidos, el alma de la mayoría de los ciudadanos se compungía, pensando en los muchos que no regresarían.

Volvían los ejércitos, al decir, triunfantes… y nuestra avenida se poblaba otra vez de los ruidos de tambores y trompetas. La multitud buscaba al hermano, al padre, al marido…

También los cortejos fúnebres pusieron la nota gris en las tardes. Todo esto, producto de otra época, dejó de ser, pasando también a la historia.

La "Avenida de los Poetas" ha cambiado completamente su indumentaria: modernos edificios particulares, lujosas oficinas, casas comerciales de hermosa apariencia y agencias importantes.

Al primitivo empedrado ha reemplazado el adoquinado, dando elegancia y seguridad a la antigua Calle Real; al histórico puente de Guacerique lo ha sustituido otro moderno.

Tardes de ensueño y de leyenda, días de recuerdos imborrables, calor de la vida que se fue, viviréis para siempre en el alma de los hijos de esta Comayagüela de antaño, unidos al nombre de la arteria que recogió su vida en la blanca "Avenida de los Poetas".

MARCELINA BONILLA.
(Serrana).
Septiembre de 1951.

**PROFESORA MARISABEL GUILLEN DE RODRIGUEZ.
(INDIGENA).**
Ganadora de una Mención Honorifica.

PROFESORA MARISABEL GUILLÉN DE RODRÍGUEZ

La profesora María Isabel Guillén Pineda de Rodríguez nació en la Sultana del Sur, Choluteca, el 9 de abril de 1914, siendo sus padres don Juan José Guillén y doña Lucinda Pineda de Guillén.

Sus primeras letras las hizo en la escuela privada de la señorita Tomasita Sosa y en la escuela pública. Con motivo de la muerte de su querido padre, se trasladó a La Ceiba, en donde cursó otro grado, para venir a terminar la primaria a Tegucigalpa, interna en el Colegio «María Auxiliadora».

Inició sus ensayos literarios en Trujillo, en 1929, época en que llegó a pasar sus vacaciones en unión de su familia que residía en aquel puerto. Después, al comenzar sus estudios secundarios en la Escuela Normal Central de Señoritas, en Comayagüela, bajo la dirección de la talentosa profesora Antonia Jerez Dávila, publicó varias poesías suyas en la revista «Tegucigalpa».

También ha escrito la letra de algunas composiciones musicales del recordado Carlos Henríquez (Canseco), entre ellas «Ilusión fugaz», «Esperándote», «El cronista», y otras.

En 1934 obtuvo el título de maestra de instrucción primaria, ejerciendo su profesión en varias ocasiones. En 1937 contrajo matrimonio con el caballero Santiago Rodríguez Flores, y ahora tienen dos hijitos muy queridos: Doris y Santiaguito.

La profesora Guillén de Rodríguez no ejerce actualmente el apostolado del magisterio, pero en cambio se dedica a escribir comedias, dramas y poemas que han sido representados por las escuelas en las fiestas patrias de septiembre y en el «Pórtico de la Feria de Concepción».

Tiene el propósito de publicar toda su producción literaria en un libro, dedicado a las escuelas y colegios, contribuyendo así al desenvolvimiento de la cultura nacional.

MI DULCE COMAYAGÜELA

¿Y quién es la india tan linda
que está dormida en la orilla
del río Grande que brinda
su frescor que es maravilla?

Es una ingrata hechicera
venida de no sé dónde,
que convertida en quimera
jamás a nadie responde.

Unos creen que ha llegado
de un lugar, Lejamaní,
porque le vino un recado
precisamente de allí.

Otros dicen que de Jeto
o de Jano fue que huyó;
mas no se sabe el secreto
por el cual aquí llegó.

Se llama Comayagüela,
y tan cansada venía
que subida en parihuela
cruzó la azul lejanía.

Llegó en un día lejano,
huyendo de la ambición,
y alguien le tendió la mano
y le robó el corazón...

¿Estás seguro que es ella,
la rica Comayagüela?
¿La que fue siempre tan bella
y que su tribu la cela?

Por su belleza y candor,
y su atracción que es inmensa,
yo estoy seguro, señor,
que es la misma que usted piensa.

¿Y sabes tú, por ventura,
si pasa contenta aquí,
si sufre alguna amargura
o ama con frenesí?

Aunque usted tanto lo ansíe,
esto es difícil decir,
porque al llorar es que ríe
y llora al querer reír.

Cuando clarea la aurora
y se derrite el rocío,
parece un ave canora
en esta playa del río.

¿Y será cierto que tiene
una fortuna enterrada,
por lo que así se mantiene
meditabunda y callada?

¿Y que un gran lagarto de oro,
del cual su tributo paga,
es fabuloso tesoro
en las manos de esta maga?

¡Ah! Cállese, por favor,
que ya se está despertando,
y no será lo mejor
que nos mire platicando...

Y te soltaste las trenzas
para librarte del frío
y bañarte en las inmensas
profundidades del río.

Entonces eras tan bella,
sin pretensiones ninguna,
tenías tu buena estrella
y tu madrina la luna.

Y eran tus ojos dos noches
de embrujadora negrura,
tus labios rojos dos broches
que escondían tu hermosura.

Luego, tendida en la arena,
con un percal por delante,
eras traviesa sirena,
sonrosada y provocante...

¡Qué linda estabas entonces,
mi dulce Comayagüela,
como grabada en dos bronces
junto a tu hermana gemela!

Y la ilusión retoñaba
en las fiestas del Guancasco,
cuando el patrón visitaba
sin alfombras de Damasco.

Y allá sonaba el tambor
en el sinfín del camino,
anunciando con ardor
al gran guanco del destino.

¡Qué divina era la vida,
qué soberbios los caciques,
qué exquisita eras, querida,
con tus sones y tus siques!

A lo lejos, las campanas,
gran Villa de Concepción,
te saludan muy ufanas
y pregonan tu ascensión.

Ya no pareces indita,
sino mística madona
que se dirige a la ermita,
muy devota y coquetona.

Ya no cargas el sarape
de tu valiente guerrero,
ni buscas a todo escape,
cuando llueve, el viejo alero.

Ya no te adornas las trenzas
con guirnaldas de colores,
ni como antes tú piensas
en tiernos, castos amores.

¿Dónde tienes tu güipil,
el que en las fiestas lucías,
y aquella enagua gentil
bordada con fantasías?

¿Dónde guardas el rebozo
con que asistías a misa,
aquel que con grande gozo
te escondía una sonrisa?

Ahora vas ataviada
con tu magnífico chal,
y vas a ser obsequiada
con rica miel de panal...

Con los años, la madona
se convierte en noble dama,
es distinguida persona
que goza de mucha fama.

Y en ceremonia el Congreso
tu ascenso a ciudad decreta,
y hace saber del suceso
que te hizo alcanzar la meta.

Te adornan con pedrería,
te visten de encaje azul,
y ostentas de regalía
envuelta en sedas y tul.

Delirante está la patria,
como nunca satisfecha;
sí, porque es la hija de un Chatía
la que triunfa en esta fecha.

¡Qué regia luce la dama
de la rancia aristocracia!
El pueblo en masa la aclama
y alegre encomia su gracia.

Y se brinda con champaña
y se declara triunfal
el gran día de la hazaña
y del recuerdo inmortal.

Gozando están en La Cuesta
y también en Toncontín,
lo mismo que en la floresta
tienen alegre festín...

Ya pasó el triste noviembre
con acre olor a ciprés,
y llega el feliz diciembre
con su alegría otra vez.

Hay inquietud en el alma,
también en el corazón;
se ha perdido hasta la calma
por una justa razón.

Y abiertos tiene sus brazos
la Madrecita del Cielo,
por si queremos abrazos
de verdadero consuelo.

Si fueras ángel con alas,
seguro que en la función
te ofrecería sus galas
la Virgen de Concepción.

Mas de gran dama resultas,
linda reina de la feria,
y del reinado consultas
con la persona más seria.

Mientras heraldos anuncian
por las calles tu elección,
otros discursos pronuncian
de acuerdo con la ocasión.

Tu nerviosa camarera
te da un baño perfumado,
y te viste muy ligera
y te termina el tocado.

¡Qué encantadora te miras
con manto de terciopelo!
Pareciera que deliras
de emoción o de recelo.

Estás radiante y feliz
como nunca yo te vi,
con repentino matiz
en tus ojeras turquí.

Y encantadoras también
están tus damas de honor;
pero tú sabes, mi bien,
que eres siempre la mejor.

Y al proclamarte ya reina
te vuelves más deslumbrante,
la corona te despeina
y se te cae un diamante...

¡Qué costoso trono tienes,
muy digno de tu beldad!
Y esa corona en tus sienes
es soñada, majestad.

Te miro el rostro encarnado
por las palabras de amor,
o porque el Poeta Laureado
te está tributando honor.

¡Salud, bella señora!
¡Oh, gloriosa soberana!
Al fin se te llegó la hora,
como ayer, hoy y mañana.

¡Salud, heroica ciudad:
mi dulce Comayagüela,
la que evoca en su ansiedad
nuestra amada cantinela!

Nunca te podré olvidar,
porque olvidarte sería
como dejarte de amar,
y tú serás siempre mía.

MARÍA ISABEL GUILLÉN DE RODRÍGUEZ
(Indígena)

LEJANÍAS: EL SUGESTIVO COLORIDO DE LA EX VILLA

La sugestividad de esta admirable tierra, ramo de balsámico pino en el corazón de América, cobra caracteres de maravilla en sus leyendas que florecen por doquiera. ¡Sugestivo colorido el de nuestra tierruca!

Todo es motivo de honda atracción en esta nuestra amada patria Honduras: desde la piedra que en Copán habla elocuentemente por una estupenda civilización desaparecida, hasta la pintoresca, lujuriante y bella altiplanicie de Siguatepeque, donde las casitas de ensueño están ribeteadas de pinos y de robles, y las pomas de sus naranjales doran el ambiente y saben a miel de dioses.

En su regocijante geografía yace la ex Villa de Concepción, apretujando en su pasado, admirable por lo heroico, un semillero de leyendas. Un folclor que le da una fisonomía multicolor. Sabor de sencillez, de ingenuidad. De un pasado en que las gentes eran más buenas porque creían más en Dios.

Remontándose al origen de esta ciudad del futuro, el ánimo se llena de nostalgias al evocar el siglo XVI y bucear en los estudios de carácter filológico y etnográfico que de ella se han realizado, y de los cuales se impone la versión de haber sido esta ciudad en marcha hacia el mañana poblada a mediados de aquel siglo.

¡Se le dan tantos matices a la historia, tanto se adultera y tanto se le agrega! Se le acomoda tanto al espíritu infantil de los pueblos, que con el correr del tiempo deja de ser tal para convertirse en leyenda.

Muchos de los aspectos de la historia de esta noble y heroica ciudad, en leyendas transmitidas de abuelos a nietos, han llegado hasta nosotros. En leyendas embrujantes y sabrosas.

Hombres de estudio afirman que la actual Comayagüela fue poblada por indígenas de origen azteca o mexicano. Y en apoyo de esta teoría viene el significado de muchas palabras de uso corriente entre los habitantes de esta ciudad, principalmente de la clase indígena.

Aseguran que sus primeros habitantes llegaron del pueblo de indios de Jano, en el departamento de Olancho, y que poco a poco formaron la población de Toncontín, que en lenguaje azteca significa "baile indígena". Las ruinas de aquel pueblo dejan todavía algunos vestigios al sur de la actual ciudad y en el lugar denominado "Llano del Potrero".

Comprobándose el paso de la historia a la leyenda, el "robo de niños", que como probable origen de la ex Villa citan hombres entendidos en la materia, en tal se ha convertido.

La montaña de "La Chorrera", que se levantaba cerca del antiguo pueblo de Jano, estaba habitada por parte de una tribu de indios xicaques o mosquitos. Y nos refiere la tradición que dichos indios hacían frecuentes invasiones al río aledaño a aquel pueblo para robarse a los niños que a dicho río acostumbraban ir a bañarse. Que aquellos habitantes —previo permiso del "rey"— inmigraron hacia el interior del país para salvar a sus hijos de ser raptados por aquellas hordas, viniendo a establecerse primero en la montaña de Jutiapa, después en Toncontín y por último en las márgenes orientales del río Grande o Choluteca.

Nuestros indígenas, como todos los de Indoamérica, creían en el duende, la siguanaba, la sucia, el cadejo y en todos esos seres fantásticos que pueblan la imaginación de los pueblos primitivos. Creían hasta en el diablo y sus pactos; cosa que no es de extrañar, ya que en la mitad del siglo XX —del cinematógrafo, del radio, del radar, de la energía atómica, de la televisión y de tantos adelantos de la ciencia— todavía existen gentes que creen en todas esas niñerías.

Hagamos un viaje hacia el pasado. Bañemos el espíritu en áureas lejanías. Remontémonos a aquellos buenos tiempos de nuestros abuelos y démonos una fiesta de evocaciones con el folclore estupendo de la noble ex Villa de Concepción de Comayagüela.

Donde hasta la "Casa de Alto" de la familia Valle —de la Primera Avenida— se menciona hoy como envuelta en los cendales de la leyenda, al traer al presente, con la sugestividad de antaño, los alegres y rumbosos bailes que en dicha casa se ofrecían en aquellas inolvidables pascuas.

Escribamos con polvo de estrellas y sangre de jacintos la tradición de la colina de Torocagua, que una tarde amable escucháramos de labios de don Inés Navarro, bajo las limonarias en flor del hoy "modernizado" parquecito de "La Libertad".

Dice la tradición —o mejor dicho, la superstición de aquellos lejanos tiempos— que a dos kilómetros de la población se levantaba, sembrada de arrayanes en flor, la altura denominada cerro o colina de

"Torocagua", "tocado por el Malo", y que al pasar frente a él había que signarse para librarse de "las malas tentaciones".

Porque aseguraban que en "Torocagua" existía una cueva donde el diablo tenía su morada, siendo suficiente un convenio o pacto con él para hacerse rico de la noche a la mañana. Pero solo los valientes —es decir, aquellos que "no le tienen miedo ni a Dios ni al diablo"— podían lograr tan fácil riqueza, porque para entrar en la cueva había que esperar una noche "oscura como boca de lobo" y hacerlo al filo de la misma, despojado de todo aquello que diera al interesado "olor a religión cristiana".

Los iniciados, al penetrar en el antro de Satanás, eran lamidos por un toro de ojos de fuego y de cascos que echaban chispas; después podían entrar en las fauces de una gran serpiente de escamas doradas y ojos de diamantes, colocada detrás del toro. A continuación, pasaban frente a un gigantesco sapo de puro oro, hecho lo cual se abría ante ellos, como por arte de magia, una gran puerta de mármol blanco que conducía a espaciosos y exornados salones donde el diablo, sentado en un trono de regias pedrerías, concedía sus dones a cambio del alma del sujeto.

Nos refería el señor Navarro que una vecina afirmaba que en la cueva del cerro de "Torocagua" estaba un "millonario" de Comayagüela demoliendo huesos humanos y arrastrando una gran cadena al pie. Pero de la cueva de "Torocagua" se puede decir, en estos tiempos de aguda y desesperante crisis, que "a pesar de esto, hay tanta escasez de dinero que muchos vecinos de esta ciudad se resolverían a sobrellevar mayores sufrimientos con tal de poseer el capital del empautado millonario".

El recuerdo se hace miel de añoranzas al compás de las teclas de nuestra "Royal". Y una leyenda, salpicada de hondo romanticismo, surge entre el florilegio de las que exornan con fuertes matices a esta ciudad hoy en vibración de progreso: la de "El Sireno Enamorado".

Dice así: una bella y rozagante joven de apellido Gómez era asidua bañista de la poza de "El Carrizal", donde habitaba un "sireno" que, prendado de su hermosura, puso en juego todas las tretas de los enamorados para lograr seducirla.

Del fruto de aquellos amores extravagantes nació una niña con rostro de mujer y cuerpo de pez. La madre quiso retenerla en tierra, pero ella se negó, porque su condición de "sirena" era vivir en el agua.

Primero se la condujo a la poza de "El Tabacal", pero, mujer al fin, era inconforme: dicha poza era muy estrecha y no poseía los alrededores pintorescos necesarios para recrear su espíritu de sirena. Tampoco pudo permanecer en la quebrada de "El Puesto" ni en la poza de "Las Crucitas".

Cansada la madre de tal peregrinación, la llevó a la laguna de Santa Ana, donde aseguran que aún vive, encantadora, con su eterna juventud, saliendo por las noches en fiesta de estrellas y luceros a entonar sugestivas endechas y, por las tardes, a bañarse con el azul del cielo, preguntando a los transeúntes si aún viven descendientes de la familia Gómez, pues ha prometido inundar Comayagüela cuando el último de ellos desaparezca.

De lo cual no hay peligro, porque sabido es que esa familia ha crecido y se ha multiplicado de manera asombrosa desde los tiempos del "Sireno Enamorado".

¡Ah, los tiempos pasados! Cuando Comayagüela principiaba a dar sus primeros pasos por el camino del progreso… Aquellos tiempos en que un maestro albañil ganaba tres reales diarios y un simple peón real y medio. Aquellos inolvidables días en que, como en 1869, se compraban quince libras de carne por un real.

Las gentes vivían entonces libres de prejuicios y maldades actuales, y la honradez no era una palabra vana. Hoy ya no surgen leyendas, porque las gentes han perdido, frente a las "enseñanzas" del siglo, su infantilidad.

Cerramos el balcón de los recuerdos, después de habernos dado un tonificante baño en las lejanías azules de la ex Villa de Concepción, donde lo antiguo va desapareciendo para dar paso a la ciudad del futuro: Comayagüela.

JUAN RAMÓN ARDÓN
(Raúl Brañas).

SALUTACIÓN A SU MAJESTAD GLORIA II

GLORIA ARGENTINA ALVARADO FLORES.
Reina de la Feria de Concepción, 1950.

Con mi trova más galante
que tu realeza pregona,
vengo a ceñir la corona
sobre tu frente radiante.
Quiero ser el hierofante
del culto a tu simpatía,
porque yo anhelo a porfía
prodigar a manos llenas,
a tus pies, las azucenas
castas de Santa Lucía.

Comayagüela su traje
de india se pone en tu honor,
y yo —que soy tu cantor—,
te rindo pleito-homenaje,
y en prensa de vasallaje,
esta noche de tu fiesta,
te traigo de la floresta,
¡oh, divina Majestad!
Niña de aroma y de luna,
de celaje y de quimera,
laúd de la primavera,
música de arpa moruna.
Donairosa cual ninguna
es tu silueta juncal;
tu boca es un madrigal,
un clavel es tu sonrisa,
y en tus labios se estiliza
un beso sentimental.

¿Y qué decir de tu talle
y de tu egregio donaire,
cuando riegas al desgaire
margaritas por la calle?
Como los lirios del valle
tienes cutis rosicler.
No me atrevo a resolver
si eres, por dulce y hermosa,

una mujer hecha rosa
o una rosa hecha mujer.

Y sin que esto se publique,
tengo para ti un presente
que en su idioma balbuciente
me confió el río Guacerique:
para tu dedo meñique
te manda un menudo anillo
del oro más amarillo
del Guayape; mas no sé
si te viene bien… pues, ¿qué?,
mañana lo probaré,
lo tengo aquí en el bolsillo.
Engreída y jubilosa,
Comayagüela se ufana
de tener por soberana
a una niña tan preciosa.

GUILLERMO BUSTILLO REINA

AGRADECIMIENTO PARA EL COMITE DE FESTEJOS DE LA FERIA DE CONCEPCION DE COMAYAGÜELA

**REPÚBLICA DE HONDURAS
SECRETARÍA DEL CONCEJO DEL DISTRITO
CENTRAL**

Tegucigalpa, D. C., 5 de enero de 1951

Señor Secretario Primero
don Rosalío R. Zavala
Presente.

Para su conocimiento y demás efectos, transcríbole el Acuerdo que literalmente dice:

ACUERDO NÚMERO 113

Tegucigalpa, D. C., 2 de enero de 1951.—

El Concejo del Distrito Central, considerando: que el Comité de Festejos de la pasada Feria de Concepción de Comayagüela es merecedor del reconocimiento de este Concejo por el entusiasmo y buena voluntad con que actuó, teniendo por resultado que las festividades correspondientes se llevaron a cabo con gran esplendor, siendo del agrado del vecindario todos y cada uno de los actos programados.

Por tanto, acuerda:

1.º—Un voto de reconocimiento a cada uno de los miembros del Comité de Festejos de la Feria de Concepción de 1950, por el entusiasmo, buena voluntad y probidad con que prestaron su contingente en el esplendor que alcanzaron las festividades; y

2.º—Rendirles los más cordiales agradecimientos por el mismo motivo.—Comuníquese.

(F. y S.) Ciudadano Francisco García Valladares,
Presidente del Concejo del Distrito Central.

(F. y S.) Doctor Carlos Lardizábal,
Vocal del Concejo del Distrito Central.

(F. y S.) Profesor Agustín Alonzo,
Vocal del Concejo del Distrito Central.

(F. y S.) Licenciado Florencio Puerto,
Fiscal del Concejo del Distrito Central.

(F. y S.) Ante mí: Florentino Álvarez C.,
Secretario del Concejo del Distrito Central.

De usted, atentamente,

Florentino Álvarez C.
Secretario del Concejo del Distrito Central.

SEGUNDO CONCURSO LITERARIO

**Promovido por el Comité de Festejos
de la Feria de Concepción de Comayagüela**

Comayagüela, D. C., 24 de diciembre de 1951

ACTA DE LA SESIÓN PARA ORGANIZAR EL COMITÉ DE FESTEJOS DE LA TRADICIONAL FERIA DE CONCEPCIÓN DE COMAYAGÜELA DE 1951

En la Presidencia del Concejo del Distrito Central, ciudad de Tegucigalpa, el día martes veinte de noviembre de mil novecientos cincuenta y uno, siendo las cuatro de la tarde y estando reunidos los señores: doctor Guillermo E. Durón, doctor Horacio Moya Posas, señorita profesora Victoria Zúniga L., doña Alba de Quesada, don Rosalío R. Zavala y licenciado don Rafael Manzanares Aguilar, personas a quienes el señor presidente del Concejo del Distrito Central excitó para integrar el Comité de Festejos de la próxima Feria de Concepción de Comayagüela, del 7 al 24 de diciembre entrante, se procedió a la organización del mencionado Comité.

Habiendo resultado, por aclamación, electos: presidente, el doctor Guillermo E. Durón; vicepresidente, abogado don Horacio Moya Posas; vocales, por su orden, señorita Victoria Zúniga L., doña Alba de Quesada y el ingeniero don Manuel López Callejas; secretario primero, don Rosalío R. Zavala; y secretario segundo, el licenciado don Rafael Manzanares A.

La reunión fue presidida por el señor Francisco García Valladares, en su carácter de presidente del Concejo del Distrito Central, habiendo asistido los vocales del Concejo, señores profesor don Agustín Alonzo y doctor Carlos Lardizábal, lo mismo que el señor secretario del Concejo, abogado Florentino Álvarez Canales, quien da fe de todo lo hecho y que consta en esta acta, firmada por los asistentes y el funcionario que da fe.

(F.) Francisco García Valladares
(F.) Agustín Alonzo
(F.) Carlos Lardizábal

(F.) Guillermo E. Durón
(F.) Horacio Moya Posas
(F.) Victoria Zúniga L.
(F.) Rosalío R. Zavala
(F.) Rafael Manzanares A.

(F.) Florentino Álvarez C.,
Secretario del Concejo

NOMBRAMIENTO DE UN JURADO ESPECIAL SOBRE LITERATURA

Comayagüela, D. C., 15 de diciembre de 1951.

Señor licenciado don Eliseo Pérez Cadalso
Señor profesor y licenciado don Santos Juárez Fiallos
Señor profesor y licenciado don Armando Cerrato Valenzuela
Tegucigalpa, D. C.

Muy estimados señores:

El Comité de Festejos de la Feria de Concepción de Comayagüela, que presiden el doctor Guillermo E. Durón y el licenciado Horacio Moya Posas, tomando en cuenta su capacidad intelectual y su especialización en los asuntos literarios, así como su entusiasmo e interés en lo que atañe a nuestra Feria Patronal de Concepción, en una de sus sesiones ordinarias acordó nombrar a ustedes miembros del Jurado Especial que calificará los trabajos literarios que se presenten al concurso patrocinado por este Comité de Festejos.

El concurso quedó abierto desde el 29 de noviembre próximo pasado y se cerrará el 18 del corriente, cuyos cuatro premios, dos para cada tema (primero y segundo de 75 y 50 lempiras), serán otorgados:

Al mejor soneto alusivo a la Inmaculada Concepción de María, patrona de Comayagüela.

Al mejor trabajo sobre el origen de la Feria de Comayagüela, su importancia a través de los años, el mejor plan posible para darle una orientación distinta y las actividades que deben fomentarse.

No dudando que aceptarán con agrado y buena voluntad la designación antes expresada, me es de mucha honra suscribirme de ustedes con la más viva simpatía.

De ustedes, muy atento y deferente servidor,

(F.) Rosalío R. Zavala, Secretario Primero

NOMBRAMIENTO DE UN JURADO ESPECIAL TÉCNICO

Comayagüela, D. C., 15 de diciembre de 1951.

Señor ingeniero don Rubén Clare Vega
Señor ingeniero don Arturo Quezada
Señor doctor don Rafael López y López
Tegucigalpa, D. C.

Muy estimados señores:

El Comité de Festejos de la Feria de Concepción de Comayagüela, que presiden el doctor Guillermo E. Durón y el licenciado Horacio Moya Posas, tomando en cuenta su capacidad intelectual y profesional, su entusiasmo e interés en los asuntos que atañen a nuestra Feria Patronal de Concepción, en una de sus sesiones ordinarias acordó nombrar a ustedes miembros del Jurado Especial que calificará los trabajos que se presenten al concurso patrocinado por este Comité de Festejos.

El concurso quedó abierto desde el 29 de noviembre próximo pasado y se cerrará el 18 del corriente, cuyos ocho premios, dos para cada tema (primero y segundo de 75 y 50 lempiras), serán otorgados:

Al mejor estudio sobre la manera práctica de obligar a los propietarios de solares y casas casi inhabitables de Comayagüela a construir viviendas modernas.

Al mejor trabajo sobre la solución del problema de la vivienda en Comayagüela.

Al mejor estudio sobre las condiciones actuales del agua de Comayagüela y la urgentísima necesidad de un nuevo abastecimiento de agua potable.

Al mejor trabajo sobre la manera práctica de que los propietarios pobres de Comayagüela adquieran servicios sanitarios modernos a precios de costo y a largos plazos de pago.

No dudando que aceptarán con agrado y buena voluntad la designación antes expresada, me es de mucha honra suscribirme de ustedes con la más viva simpatía.

De ustedes, muy atento y deferente servidor,

(F.) Rosalío R. Zavala, Secretario Primero

BASES PARA EL CERTAMEN LITERARIO DE LA FERIA DE CONCEPCION CONVOCATORIA A CONCURSOS

Comayagüela, D. C., 30 de noviembre de 1951

Señor Director del Diario El Día
Señor Director del Diario La Época
Señor Director del Diario El Pueblo
Señor Director del Semanario El Chilillo
Tegucigalpa, D. C.

Señor Director del Diario Comercial
San Pedro Sula

Muy estimado señor Director:
El Comité de Festejos de la Feria de Concepción de Comayagüela, que presiden el doctor Guillermo E. Durón y el abogado Horacio Moya Posas, tomando en cuenta la importancia y el interés que puede despertar en los hombres de ciencia y de letras, ruega a usted, en caso de serle posible, la publicación de las bases para algunos concursos que, con motivo de la Feria Patronal, se llevarán a cabo, cuyos temas son los siguientes:

a) Dos premios, primero y segundo de 75 y 50 lempiras, para los dos mejores sonetos alusivos a la Inmaculada Concepción de María, patrona de Comayagüela.

b) Dos premios, primero y segundo de 75 y 50 lempiras, para los mejores trabajos que versen sobre el origen de la Feria de

Comayagüela, su importancia a través de los años en que se ha celebrado, el mejor plan posible para darle una orientación distinta y las actividades que deben fomentarse.

c) Dos premios, primero y segundo de 75 y 50 lempiras, para los mejores estudios sobre la manera práctica de obligar a los propietarios de solares y casas casi inhabitables de Comayagüela a construir viviendas modernas, logrando con ello el desaparecimiento total del aspecto poco recomendable que ofrecen dichos solares y casas en el centro de la ciudad.

d) Dos premios, primero y segundo de 75 y 50 lempiras, para los mejores trabajos que se refieran a la manera práctica de resolver el problema de la vivienda en Comayagüela.

e) Dos premios, primero y segundo de 75 y 50 lempiras, para los mejores estudios sobre las condiciones actuales del agua de Comayagüela y la urgentísima necesidad de un nuevo abastecimiento de agua potable.

f) Dos premios, primero y segundo de 75 y 50 lempiras, para los mejores trabajos que versen sobre la manera práctica de que los propietarios pobres de Comayagüela adquieran servicios sanitarios modernos a precio de costo y a largos plazos de pago.

Los trabajos deberán tener una extensión mínima de seis hojas de papel tamaño carta, escritas a máquina a doble espacio y por un solo lado, a efecto de ser publicados cuanto antes en la prensa del país.

El concurso queda abierto desde esta fecha y se cerrará el 18 de diciembre próximo a las cinco de la tarde.

Los interesados enviarán sus trabajos firmados con seudónimo a la Secretaría del Comité de Festejos, en sobre cerrado, conteniendo además la plica dentro de otro sobre pequeño, también cerrado, con la firma del autor. Los premios se otorgarán el 24 de diciembre en el "Parnaso de la Feria", para lo cual circulará programa especial.

Soy de usted, con toda consideración y aprecio, su muy atento y deferente servidor.

(F.) Rosalío R. Zavala, Secretario Primero

REMISIÓN DE LOS TRABAJOS LITERARIOS AL JURADO

Comayagüela, D. C., 25 de diciembre de 1951

Señor profesor y licenciado don Santos Juárez Fiallos
Presente.

Muy estimado licenciado:

Con el portador Germán Madrid Zavala le remito quince sobres cerrados, tal como fueron recibidos por la Secretaría a mi cargo, los cuales van numerados en orden correlativo y fechados conforme se fueron recibiendo.

En el número 15 hay cierta incertidumbre de si será para el concurso o no, porque no tiene ninguna indicación al respecto; sin embargo, creí mejor no abrirlo y pasarlo tal como se recibió al Jurado Calificador. Como en el concurso hay otros temas distintos que no corresponden propiamente a la literatura o poesía, se dispuso nombrar dos jurados o ternas.

Para todos los trabajos enunciados, inclusive los que le indiqué en mi comunicación anterior, hay seis primeros premios y seis segundos premios de 75 y 50 lempiras, respectivamente.

Aquí dejo las plicas que corresponden a los seudónimos de "Juan sin Tierra" y "Bayardo", por haber venido fuera del sobre que contiene los trabajos.

Las plicas que se encuentran en sobre aparte y cerrado dentro de los trabajos respectivos deben ser devueltas sin abrirlas a esta Secretaría, juntamente con los trabajos y el veredicto del Jurado, para ser abiertas en sesión extraordinaria en presencia de todos los miembros del Comité de Festejos.

Las plicas que se encuentren sin sobre especial cerrado implicarán que los trabajos correspondientes sean declarados fuera del concurso, ya que en esta clase de certámenes debe mantenerse la incógnita.

Con muestras de consideración y aprecio, me suscribo de usted como su atento y deferente servidor.

(F.) Rosalío R. Zavala, Secretario Primero

DEVOLUCIÓN DE LOS TRABAJOS LITERARIOS CON EL DICTAMEN

Comayagüela, D. C., 27 de diciembre de 1951
Señor escritor y coronel Rosalío R. Zavala
Secretario Primero del Comité de Festejos
Presente.

Adjunto a esta nota le remito el acta del Jurado encargado de dictaminar sobre los trabajos de índole literaria presentados al concurso de la Feria, firmada por los licenciados Eliseo Pérez Cadalso, Armando Cerrato Valenzuela y por quien suscribe.

También le envío los trabajos seleccionados junto con sus plicas respectivas, ninguna de las cuales fue abierta por nosotros.

Le informo, además, que hoy por la mañana se presentó en nuestra oficina el ingeniero Arturo Quezada, a quien le fueron entregados cinco trabajos que serán estudiados por el otro Jurado integrado por él, el ingeniero Rubén Clare Vega y el doctor Rafael López y López.

En espera de haber cumplido con el encargo encomendado, me suscribo de usted como su muy atento y seguro servidor.

(F.) Santos Juárez Fiallos

DICTAMEN DEL JURADO

Comayagüela, D. C., 27 de diciembre de 1951

Vistos los trabajos enviados al concurso literario por intermedio del secretario del Comité de Festejos de la Feria de Concepción, conforme a las bases acordadas:

Resulta: que este Jurado calificó los trabajos referentes a:
"Soneto alusivo a la Inmaculada Concepción de María", y
"Origen de la Feria de Comayagüela, su importancia a través de los años y su proyección futura".

Considerando:

Que la obra titulada "La Feria de Comayagüela", suscrita por Merlín, es merecedora del primer premio por su investigación y proyección futura.

Que el trabajo "Trayectoria, importancia y porvenir de la Feria de Comayagüela", de Damariis Ney, es merecedor del segundo premio.

Que ningún soneto presentado merece el primer premio.

Que el soneto "A la Virgen de Concepción", de Amadeo Juánez, merece el segundo premio.

Por tanto, resuelve:

1.º Adjudicar el primer premio a "La Feria de Comayagüela" (Merlín).

2.º Adjudicar el segundo premio a "Trayectoria, importancia y porvenir…" (Damariis Ney).

3.º Declarar desierto el primer premio de soneto.

4.º Adjudicar el segundo premio a "A la Virgen de Concepción" (Amadeo Juánez).

5.º Recomendar un premio adicional:

50 lempiras a Víctor Carrere.
25 lempiras adicionales a Merlín.

Recomendar muy especialmente al Comité de Festejos se preocupe por señalar mejores premios en metálico a los triunfadores de los concursos de toda especie que él patrocine, pues ha notado que este año fueron pocos los participantes, sobre todo tratándose de un evento como es la Feria por-que su influencia ha de concentrarse en el necesario y justo estímulo a los poetas, escritores y científicos que acuden con su inspiración, estudio y luces a darle mayor esplendor a la festividad.

-NOTIFIQUESE.
(f) ELISEO PÉREZ CADALSO
(f) SANTOS JUÁREZ FIALLOS
(f) ARMANDO CERRATO VALENZUELA

DICTAMEN DESFAVORABLE. SE DECLARA DESIERTO EL CONCURSO

ACTA NÚMERO UNO

En Tegucigalpa, D. C., a los 29 días del mes de diciembre de 1951, los infrascritos miembros del Jurado encargado de dictaminar sobre los trabajos presentados al Concurso de la Feria de Concepción, patrocinado por el Comité de Festejos de la misma, sobre los temas que comprenden los puntos que dicen:

a) N.º 10.— Práctica de obligar a los propietarios de solares baldíos y casas casi inhabitables de Comayagüela a que construyan viviendas modernas.

b) N.º 11.— Sin título; se refiere en forma de carta a la letra "F" de los temas propuestos en el concurso.

c) N.º 5.— "Mi opinión humilde: práctica de resolver el problema de la vivienda en Comayagüela, D. C., 1951."

d) N.º 9.— "Manera práctica de resolver el problema de la vivienda en Comayagüela, D. C."

e) N.º 7.— Sin encabezamiento; como el N.º 11, también se refiere en forma de carta a la letra "C" del concurso.

Después de leer detenidamente el contenido de los mismos, los cuales a juicio nuestro no ameritan ser premiados por su deficiente exposición y contenido,

RESUELVEN:

1.º— Declarar desierto el concurso cuyos trabajos nos tocó conocer; y

2.º— Recomendar al Comité de Festejos que, para próximas ocasiones, se haga mayor propaganda a tan interesantes certámenes y, al mismo tiempo, promoverlos con mayor anticipación, estipulando mejores premios en metálico para que haya mayor interés entre los técnicos capaces de tomar parte en ellos.—Notifíquese.

(F.) Rubén Clare Vega

(F.) Arturo Quezada

SESIÓN EXTRAORDINARIA

Habiéndose recibido del Jurado Calificador el acta correspondiente relacionada con el Concurso Literario promovido por el Comité de Festejos de la Feria de Concepción de Comayagüela, juntamente con la devolución de los quince trabajos en prosa y en verso recibidos por la Secretaría, los que fueron examinados por el referido Jurado, el vicepresidente en funciones, licenciado Horacio Moya Posas, convocó a una sesión extraordinaria para abrir las plicas y conocer el veredicto del tribunal.

Dicha sesión se verificó en la casa de habitación de la profesora Victoria Zúniga L., a las 4 p. m., presidida por el vicepresidente Moya Posas, con asistencia de las vocales primera y segunda, señorita Victoria Zúniga L. y doña Alba Alonzo de Quezada, y el infrascrito secretario primero Rosalío R. Zavala, procediéndose en la forma siguiente:

1.º— El vicepresidente Moya Posas explicó el objeto de la convocatoria para celebrar esta sesión extraordinaria.

2.º— El secretario primero leyó en alta voz las notas de remisión suscritas por los profesores y licenciados Eliseo Pérez Cadalso, Armando Cerrato Valenzuela y Santos Juárez Fiallos, y por los ingenieros Rubén Clare Vega y Arturo Quezada, respectivamente.

3.º— El vicepresidente Moya Posas, en presencia de los concurrentes, abría las plicas una por una para identificar a los verdaderos autores de los trabajos triunfantes; leía el seudónimo, el nombre propio y el título del trabajo, y el secretario primero hacía las anotaciones en su libreta de apuntes, para poder llenar los diplomas respectivos y otorgar los premios en dinero.

4.º— Según el dictamen del primer Jurado mencionado en el segundo punto de esta acta, obtuvo el primer premio el trabajo en prosa titulado "La Feria de Comayagüela", firmado con el seudónimo de Merlín, que resultó ser del caballero costarricense José Antonio Zavaleta, a quien se le entregará el premio de 75 lempiras y el Diploma de Honor.

El segundo premio lo ganó el trabajo también en prosa titulado "Trayectoria, importancia y porvenir de la Feria de Comayagüela", firmado con el seudónimo de Damariis Ney, que resultó ser de la señora doña Daisy Minera de Gutiérrez, quien recibirá el premio de 50 lempiras y el Diploma de Honor.

5.º— El primer premio para el soneto alusivo a la Inmaculada Concepción de María fue declarado desierto por el Jurado Calificador.

El segundo premio fue adjudicado al soneto "A la Patrona de Comayagüela", firmado con el seudónimo de Amadeo Juánez, que resultó ser del profesor Juan Ramón Ardón, a quien se le entregarán 50 lempiras y un Diploma de Honor.

6.º— El Jurado recomendó, de manera especial, que, con motivo de haberse declarado desierto el primer premio, se creara otro segundo premio adicional y se otorgara un premio de 50 lempiras al soneto "A la Virgen de Concepción", suscrito con el seudónimo de Víctor Carrere, que resultó ser del escritor y poeta Raúl Gilberto Tróchez. El Comité, atendiendo la recomendación especial, entregará los 50 lempiras y una Mención Honorífica al señor Tróchez.

7.º— El segundo Jurado, integrado por los ingenieros arriba nominados, que examinó los otros trabajos relacionados con diversos temas, tales como los problemas de la vivienda, solares baldíos, casas inhabitables, agua potable de Comayagüela, etcétera, lo declaró desierto.

8.º— Habiendo terminado la apertura y examen de las plicas, y la revisión de los trabajos presentados al concurso que merecieron la aprobación del Jurado Calificador, se levantó la sesión a las 6 p. m., firmando todos los miembros del Comité allí presentes para constancia.

Comayagüela, D. C., 29 de diciembre de 1951.

(F.) Guillermo E. Durón,
Presidente.
(F.) Horacio Moya Posas,
Vicepresidente.
(F.) Victoria Zúniga L. — Vocal Primera
(F.) Alba Alonzo de Quezada — Vocal Segunda
(F.) Rosalío R. Zavala,
Secretario Primero.

LA FERIA DE COMAYAGÜELA

OFRENDA

"Lunar, mental, intacta, tan igual a ti misma en mi recuerdo más que tú misma."

Tal dijo de Antigua Cardoza y Aragón, y al evocar a Comayagüela rindo pleitesía a la ciudad y a sus hijos, en la persona eximia del gran lírico Luis Andrés Zúñiga, a quien ofrendo estas líneas.

EL AUTOR

I. EVOCACIÓN

LAS NÁYADES DEL RÍO GRANDE

En los tiempos en que el río Choluteca iba a sepultar sus aguas en las del océano Atlántico, reza perdida tradición que el jefe de poderoso señorío, anhelando la conquista de nuevas tierras para su corona, dispuso que sus hijas montasen sobre un junco y en él avanzaran, aguas abajo, rumbo a las playas del Caribe.

Mas he aquí que, habiendo conmovido a la tierra un extraño cataclismo, las aguas del padre río adorado cambiaron de curso, caminando desde entonces hacia el Pacífico.

Las hijas del codicioso cacique, a quienes había sorprendido la catástrofe muy cerca de lo que es ahora el pueblo de Cofradía, al darse cuenta de la extraordinaria mutación en el curso de las aguas, remontaron entonces el Choluteca en busca de los dominios de su padre; pero al llegar a la confluencia del río Chiquito, ganadas por la belleza paradisíaca del pintoresco valle defendido por ondulantes cerros colmados de pinos, dispusieron descansar.

Saludables brisas perfumadas acariciaban a las dos beldades, que parecían Venus talladas en bronce, y estas, arrobadas en la contemplación de aquellas tierras de maravilla, vieron cómo la noche colocó sus gasas sobre el valle que desde entonces se transformó en las estancias reales de Teutli, es decir, del Señor.

Cuando al surgir, entre las violáceas luces del amanecer, los oros del sol, los habitantes de las riberas del Choluteca y el Chiquito se acercaron a los playones de esos ríos, vieron con sorpresa a aquellas dos divinidades de las aguas aún dormidas.

Cuenta la leyenda que las princesas ya nunca más quisieron seguir hacia los dominios de sus ancestros. Quedaron allí, ganadas por el embrujo del paisaje, situándose a ambas márgenes del Choluteca: así, una dio origen a Tegucigalpa y otra a Comayagüela.

II. LA FERIA DE LA CONCEPCIÓN

ORÍGENES

Los pequeños labrantíos fueron cediendo su puesto a las construcciones. La aldehuela se vestía de blanco al despuntar diciembre.

Con los aires juguetones que rompen la monotonía del tiempo en los últimos meses del año, los aldeanos se aprestaban a encalar sus viviendas. Desde la altura de los ribazos aledaños se veía el conjunto de casitas enjalbegadas; una sencilla ermita, pequeñita como un dije, pronto se admiró: los vecinos de la aldea la habían alzado en honor de la Concepción de Nuestra Señora, y en 1849 solicitaban celebrar con pompa, a la usanza de otros pueblos, la Feria de la Concepción.

Don Juan Nepomuceno Fernández Lindo y Zelaya, a la sazón presidente de Honduras, dio a la aldea de la Concepción de Comayagüela la condición de villa.

Pronto comenzó a verse en las celebraciones de la incipiente feria comayagüelense un atractivo del que no osaban privarse los tegucigalpenses: estos contaban ya con el paso franco que daba el puente edificado por don Narciso Mallol.

Además, recordemos que ya en 1684 se citaba a Comayagüela, junto con Santa María Teoposinte, San Lorenzo, Alubarén, Tatumbla, San Jerónimo Agalteca, San Francisco de Orica, Aguanqueterique, Aloterique, Reitoca, Ojojona, Guarabuque, Támara, Santa Ana Hula y Santiago Lepaterique, como parte de la jurisdicción del curato de Tegucigalpa.

La Feria de la Concepción fue así, hacia mediados de la pasada centuria, rumbosa dentro de la relatividad del tiempo, teniendo como principal atractivo las celebraciones rituales a la santa patrona de la localidad.

Por entonces se compraban trozos de ocote para la novena, vísperas y día; cera en abundancia, candelas de cebo para iluminar la nave del pequeño santuario; se gastaban reales en cohetes y no faltaban los globos, mayor atracción para aquellas morigeradas gentes de antaño, que se maravillaban cuando aquellas casas de papel ascendían la noche del 7 de diciembre, como queriendo acercarse a la luna llena que señoreaba en los cielos nítidamente azules.

LA VILLA SE TRANSFORMA EN CIUDAD

Ocurrió, como era de esperarse, que la villa fuese creciendo, y su importancia ya no era discutida entre las poblaciones cercanas a Tegucigalpa. En mérito a su desarrollo progresivo, que a más de uno sorprendía, le fue otorgado el título de ciudad el 10 de abril de 1897.

LAS CELEBRACIONES EN LOS TIEMPOS DE
DON MANUEL BONILLA

Y veamos a Comayagüela, hecha toda una muchacha atractiva, en esa edad en que diríamos que principiaba a ser mujercita: ya había pasado la época en que el siglo XIX se había metido en el fardo de las centurias pasadas y entraba el XX con fuerza, con alguna que otra escaramuza, de esas que no faltaron jamás en pasados días, cuando los hondureños todavía pensábamos en que las cosas hay que arreglarlas en la montonera y no en los comicios, los que buena falta hacían; pero ¿a qué recordar tantos y tan malos pasos como diera nuestra incipiente democracia? Habida cuenta que esta crónica es de la Feria de Concepción en sus distintas épocas y no enjuiciamiento de asuntos políticos, queden estos para los historiadores, que nosotros apenas si seríamos capaces de poner la punta de nuestro caite en tales andurriales. Mejor que juicios políticos, regocijémonos en el recuerdo de aquellas celebraciones de los tiempos en que don Manuel Bonilla ejercía el supremo mandato de la República y actuaba de alcalde, muy joven por cierto, el hoy ya cuasi cano general Benjamín Henríquez, buen comayagüela con casa en la Calle Real.

Muchos de quienes lean estas mal pergeñadas líneas recordarán aquella Comayagüela de hacia 1905 o 1906, con sus calles empedradas, su plaza —hoy parque de La Libertad— apenas con la coqueta estatua donada por don Marco Aurelio Soto presidiendo la austera sabanilla que allí existía; con un templo más que modesto al que más tarde el padre Chilo rodearía de muros y colocaría alguna que otra monada arquitectónica para hacerlo atractivo, en tanto que en su interior se cuidaría de que una pintura discreta, tabernáculos y objetos de culto hicieran más fácil la tarea del cura de almas y fuesen hasta incentivo para que llegasen cofrades y feligreses.

"Para estas fiestas —dice el erudito Zúñiga Figueroa, en una añoranza que bien vale recordarla— se consideraba como parte muy importante de su programa la corrida de toros, y para tal efecto, se construían barreras alrededor de la plaza y tras estas, hermosos tablados en donde la gente bien iba a presenciar el espectáculo. A las cuatro de la tarde era la hora en que principiaba la corrida. Las partes laterales de la plaza estaban literalmente llenas de ansiosos y entusiastas espectadores, de los cuales los grupos más bulliciosos los representaba el pueblo pobre que desde muy temprano tomaba asiento en la parte superior de las barreras."

Y ahora entremos nosotros con alguno que otro recuerdo que, caramba, si los años no nos pesan, sí los recuerdos que se agolpan, porque en eso de atesorar decires y leyendas, tradiciones y pedazos de historia, aunque sea por interpósita mano, ¡vaya!, no todos nos ganan; pero, cuidadito con decirnos: atájenme esos pavos, que en los de esta andanada que les brinda "Merlín", mucho hay de cierto, porque fue tomada de gentes en sus cabales.

No habían pasado muchos días del remate de la plaza que por entonces nunca pasó de los tres mil pesos y ya era mucho "pisto" el que había que contar en aquella dichosa edad, cuando los "soles" peruanos todavía asomaban sus discos argentinos y las minas cercanas a Tegucigalpa deslumbraban con sus troneras y barras del más fino metal.

Las ruletas y los dados —vicio tan viejo ese del juego, porque en eso de tirar de las orejas de San Jorge los descendientes de los garridos castellanos dicen que siempre han sido nones— estaban a la orden del día en las improvisadas "champas" y pese a las rezongadas del padre Trino Maradiaga, siempre se jugaba a más y mejor, al punto de que no eran suficientes las gracias y peligrosas suertes del célebre puyero "Barrilete" ante el bravo ganado olanchano que se metía al ruedo, para distraer a más de un jugador citadino o faerano, y menos podría conmover a los jugadores "Pita Fina", tan buen torero como buen jinete.

En los tiempos de don Manuel solían hacerse varios notables bailes; destacaban no obstante, los del 24 de diciembre, el del 31 y el del Día de Reyes. Entonces solían aparecer en los regios salones de la casa colonial que se alzaba en donde hoy se halla la Escuela de

Bellas Artes, por entonces Consistorio o Cabildo, o en la Escuela de Niñas, donde hoy se encuentra la Escuela de Ingeniería, gentes de nombre en las letras como los poetas Juan Ramón Molina, y el apolíneo Luis Andrés Zúñiga, el fabulista insigne que picó sobre el cuello del águila; Julio Lozano h., Pedro Nufio, el maestro de tantas generaciones, el Ing. Manuel Amézquita, don Rómulo y don Camilo Durón, Benjamín Henríquez, el entonces alcalde adolescente, Augusto C. Coello, maestro insigne que nos daría en estrofas admirables el canto a la Patria, el Dr. Zúñiga Medal, y tantos otros que formaban la "palomilla" de aquellos dorados tiempos, cuando las niñas Agurcia, las Ariza, las Vega, las Uclés, Bohen, Ariza, Casco y tantas y tan lindas muchachas de la época bailaban valses y rigondones, polkas y otros bailes primorosos que ejecutaba el maestro Hartling con maestría inigualable, en aquellos bailes que iniciándose a las ocho de la noche, solían prolongarse hasta las once y a veces alcanzaban a la media noche, hora en que se suspendía el alumbrado que era delicia de tirios y troyanos, porque desde el viejo Palacio Presidencial, pasando por el Mayol, hasta la Escuela de Niñas, solía alumbrarse la calle en forma primorosa. Y ya pasado el baile, venían las clásicas serenatas que dedicaban los galantes caballeros a las niñas que causaban sus más grandes desvelos.

La Feria de la Concepción de Comayagüela era por entonces un aliciente para la alegría, para el buen humor, para las lunáticas, como para las enamoradizas, que de todo hay en la viña del Señor, según dijeron y siguen repitiendo las generaciones, como para los galanes donjuanes que siempre han pululado por nuestra tropicalísima tierra, objeto de alegría, de júbilo y de regocijo sin par.

Así pasaban las fiestas en tiempos de don Manuel Bonilla, al que no inmutaron los acontecimientos promovidos por don Policarpo, porque, hombre sereno don Manuel, ni se arredraba, ni se ponía solemne. Era de esos buenos gobernantes que ven con serenidad los fenómenos y saben sortear las suertes con maestría.

Y, ahora vamos con los alcaldes.

LOS ALCALDES DE LA CIUDAD

Pero no se puede negar que Comayagüela, esa Villa de la Concepción que se convirtió en ciudad, siguiendo por los caminos de los progresos no desmentidos, contando con la constante ayuda y con el trabajo constante de sus alcaldes: Pablo Maradiaga, Jesús Zúñiga,

Francisco Verde, Benjamín Henríquez, Pascual Sosa y otros no menos buenos elementos que como Fernando Zepeda Durón, —dice Mario Vásquez— "se preocuparon por poner las primeras piedras que fueran base para el surgimiento de un conglomerado afín a las ideas de progreso y bienestar tan necesarios para la vida de su pueblo y esas semillas, tiradas a veces en suelo estéril, han dado fruto, porque, aunque, lentamente, Comayagüela ha venido alcanzando superación, tanto en su vida material como en la espiritual".

III. LA FERIA EN LA ACTUALIDAD
PRESENCIA Y SIGNO

¡Salud, noble ciudad de Comayagüela que habéis hecho de tu feria centenaria un espectáculo edificante!

En ti, está la presencia y el signo de lo grande.

Encarnan en tus festejos tu aire alegre, tu disposición al progreso, tu encanto señorial y tu amplitud para el que llega.

No se conocen mejores, en muchas leguas a la redonda, que tus fiestas. Las has estructurado de tal manera, que ellas parecieran ser el alma de tu pueblo: por ellas hablan tus hijos deseosos de disfrutar de los sanos esparcimientos y de invitar al forastero para que se sienta en su propia casa. Por eso, tus ferias se llevan tan a lo hondo, en el alma misma de las cosas y en el alma misma de los seres.

No ha mucho, era el mal visto por entonces, Jardín del Obelisco, el sitio donde se celebraban esas justas sabrosas. Hoy son tus arterias centrales, tu núcleo principal, donde, por un mes, se interrumpe el tránsito y se te rinde culto.

Está presente en ti, la alegría.

Tu signo es: el excélsior prometedor y admirable.

Eso es la Feria de la Concepción en la actualidad.

EL PÓRTICO Y EL TEATRO INFANTIL

Y entre todas las actividades de la Feria, nos llama la atención sobremanera, los festejos del "Pórtico". ¡Qué bellos y qué aleccionadores son! Allí, la niñez, espejo de los pueblos, encuentra un lugar donde manifestarse. Allí se está creando insensiblemente el buen teatro infantil, este que todavía carece de mecenas y de impulsadores entusiastas. Pero vamos a contradecir lo dicho: realmente los tiene en el Concejo del Distrito Central y en los miembros del Comité de la Feria. Bien se podría, con el tiempo, ir a la construcción de un verdadero pórtico permanente, donde el teatro popular tuviera un escenario constante donde manifestarse y desde el cual diera los promisorios frutos que intuimos a través de estas presentaciones que suelen dar los estudiantes de los planteles de enseñanza primaria. ¿Y por qué no atraer también a los institutos y colegios de segunda enseñanza? ¿Y por qué no a la Universidad? Podríamos llegar a crear un teatro nacional admirable.

En el pórtico actual, en ese pórtico de madera que desaparece no bien terminan los festejos, está el germen de algo permanente y notable. De nosotros depende el aprovecharlo en el mañana.

LA CIUDAD SE TRANSFORMA

Y es que, cuando la ciudad se transforma, cuando va dejando sus lineamientos de una de tantas de nuestras tropicales poblaciones, bien vale pensar en orientar sus expresiones populares por senderos distintos. Ya hay la intuición y hasta podríamos decir que se están construyendo los cimientos de lo que ha de ser la futura Feria; pero debemos darle forma; nos debe preocupar poner los festejos —manifestación esencialmente popular— a tono con las nuevas tendencias. Tenemos exposiciones de Bellas Artes tan preciosas como las de los últimos años, en las cuales no se descubre tan solo la labor paciente y aleccionadora de los grandes maestros, sino también la expresión nítida y reveladora del talento de los discípulos. Hay diversiones a granel. Pero...

IV. MIRANDO HACIA EL FUTURO
LA FERIA COMO ESPARCIMIENTO POPULAR

La Feria es un esparcimiento popular. No debemos olvidar que este es el fin primordial de estos festejos. Pero cabalmente por esto es que se le debe imprimir un nuevo sello que, estamos seguros, podrán darle Comités Organizadores como los nombrados en los últimos años. Juntamente con los juegos, que podríamos decir que por ahora son imprescindibles, hay que robustecer el aspecto relacionado con las exposiciones. Estas pueden presentar un inmenso servicio a la cultura de nuestro pueblo, si las ampliamos; si las sistematizamos.

En primer término, nos parece que debe estimularse a la Escuela de Bellas Artes para que continúe siendo el hogar indudable de las actividades culturales de la Feria, por lo menos en el aspecto de las exposiciones de pintura, dibujo, escultura, etc. Establecer los premios anuales para estas exposiciones; crear secciones especiales para premiar las tallas, la cerámica y otras artes bello-útiles y hacer, mediante una activa y bien orientada propaganda, que las gentes se acostumbren a ver en la Escuela de Bellas Artes al verdadero santuario de las Artes y también de las Letras, como pronto lo veremos.

Juegos Deportivos variados, feria de nuestros productos agrícolas, ganaderos, industriales, etc., deben anexionarse a los programas de las futuras ferias y no está por demás decir que deben establecerse los conciertos de la Orquesta Sinfónica Nacional de Honduras o de entidades similares de países vecinos; los de la Banda Sinfónica Nacional en el parque de La Libertad o bien en el Pórtico que, sugerimos, se establezca en forma permanente en alguna de las propiedades distritales o nacionales existentes en la ciudad.

TRASCENDENCIA DE LA FERIA EN LA VIDA NACIONAL

Si todo esto y mucho más, como los Concursos Literarios, los Juegos Florales, la elección de Reinas de la Feria e Infantil, la del Rey Feo, los "paseos" de disfraces para volver por los fueros de las grandes tradiciones hispánicas; si a todo ello se anexionan concursos internacionales de Belleza, si se expedita la llegada y alojamiento de forasteros nacionales y de otros países, bien pronto veremos a Comayagüela ser la Meca de millares de personas de dentro y fuera del país.

LA FERIA DE COMAYAGÜELA COMO UN GRAN ESPECTÁCULO INTERNACIONAL EN EL CORAZÓN DE AMÉRICA

Y esto nos sugiere —vista ya la trascendencia de la Feria dentro de la vida nacional— la posibilidad de que hagamos de esta Feria un gran espectáculo internacional, con la participación de otros países, especialmente de las naciones centroamericanas, de Belice, Panamá, etc., si le imprimimos un carácter más general, hecho para el cual ningún país mejor situado geográficamente que Honduras, porque éste es el gran corazón de las Américas; aquí está el meridiano geográfico y espiritual de Centroamérica y ello, de por sí, ya sería motivo para que se pensara seriamente en convertir en internacionales estas fiestas que hasta ahora tienen y conservan un carácter local, puesto que al mismo tiempo que la de Comayagüela, se celebran ferias en muchas otras poblaciones del país.

Y esto nos sugiere —vista ya la trascendencia de la Feria dentro de la vida nacional— la posibilidad de que hagamos de esta Feria un gran espectáculo internacional, con la participación de otros países, especialmente de las naciones centroamericanas, de Belice, Panamá, etc., si le imprimimos un carácter más general, hecho para el cual, ningún país mejor situado geográficamente que Honduras, porque éste es el gran corazón de las Américas; aquí está el meridiano geográfico y espiritual de Centroamérica y ello, de por sí, sería motivo para que se pensara seriamente en convertir en internacionales estas fiestas que hasta ahora tienen y conservan un carácter local, puesto que al mismo tiempo que la de Comayagüela, se celebran ferias en muchas otras poblaciones del país.

Mal podríamos pensar siquiera que el halago de festividades tan pintorescas como las celebradas en el mismo período en otras ciudades y aldeas nacionales, fuesen a desaparecer eclipsadas por la de Comayagüela.

Pero sí insinuamos la conveniencia de que aprovechemos las muchas facilidades que posee Comayagüela para el visitante: con un aeropuerto nacional e internacional cada vez mejor, a muy poca distancia, con una vía pavimentada como no hay otra en el país, con hoteles y servicios urbanos tan buenos como los de la capital, de la cual no es sino la continuación, con un conglomerado social abierto a las mejores tendencias, con un corazón que bien podría decirse que alumbra con sus entusiasmos su propia senda.

Entonces, ¿por qué no convertir, mediante un bien meditado plan, estas festividades dicembrinas de Comayagüela en las mejores del Istmo, en las que, en mérito de su posición geográfica, de su ya centenaria tradición y del buen deseo de todos de mejorarlas, podrían llegar a polarizar las miradas de multitud de pueblos connacionales o extranjeros?

Pensemos en esto e imprimámosle este sentido a la Feria de la Concepción de Comayagüela.

Tal piensa y sugiere,

MERLIN.

V. FINAL

Gentil lector:

Si habéis hallado omisiones o tu criterio no está acorde con lo que expongo, sed clemente y pensad porque lo dicho lo ha estampado el autor, ganado del cariño, de la simpatía y del agrado con que gusta tratar las cosas de esta tierra y porque ha querido sumar, en gracia a tales sentimientos, su insignificante aporte al embellecimiento de los festejos de esta Feria que puede ser en el mañana el parque del embrujo y de la maravilla de Centroamérica, porque es celebrada en esta ciudad a quien espera un gran destino, porque sus hijos le han sabido imprimir el sentido de lo nuevo y de lo cordial.

**JOSÉ ANTONIO ZAVALETE
(MERLIN).**

A LA VIRGEN DE CONCEPCIÓN

La fe cobra un prestigio singular y esplendente
al mencionar tu nombre: Virgen de Concepción,
y la vida se vuelve rítmica y transparente
y una alondra nos canta dentro del corazón.

A tu divina gracia los ojos del creyente
se vuelven en aquellos momentos de aflicción,
sabido de antemano que Vos, Madre clemente,
le brindarás el bálsamo de la consolación.

Por eso, virgencita, sincero hasta ti vuela
el sentimiento unánime de esta Comayagüela
que vive estructurando un porvenir mejor...

Y al sentir que flaquea su fe en mejor suerte,
reacciona ante el inmenso privilegio de tenerte
con los brazos abiertos al perdón y al amor.

Comayagüela, D. C., 6 de diciembre de 1951.

JUAN RAMÓN ARDÓN.

A LA VIRGEN DE CONCEPCIÓN

Y la vida fue trino; fue oración;
fue ala blanca que cruzó serena
la mano prodigiosa, santa y buena
de nuestra inmaculada CONCEPCIÓN.

Hizo estrella infinita el corazón
para alumbrar la noche de la pena;
hizo lucero el alma de azucena
y en la vida brilló la redención.

Y el día fue más claro; más sonriente;
y aquel pueblo sufrido y penitente
de la indiana y viril Comayagüela,

olvidando su trágico pasado,
se hizo puro, sin mancha y sin pecado
porque el santo milagro lo consuela.

RAÚL GILBERTO TRÓCHEZ

TRAYECTORIA, IMPORTANCIA Y PORVENIR DE LA FERIA DE COMAYAGÜELA

Los pueblos tienen multitud de formas de expresión, pero ninguna entre todas ellas tiene un valor inmediato para el juicio, como sus festejos populares.

Las naciones viven por el alma de su pueblo; por las muestras que de ella brindan; y nuestro país tiene en las Ferias que celébranse en todos sus poblados en determinadas épocas del año, generalmente haciéndolas coincidir con sus festejos patronales —porque es bueno dejar constancia del alma cristiana y de la religiosidad no desmentida de nuestras gentes— una de las expresiones más puras.

Quienquiera que conozca bien el país, que haya ido, como en peregrinaje incomparable por sus empinados caminos y llegado a sus ciudades que parecen codornices o palomas en actitud meditativa a mitad de las sierras vestidas con el manto esmeraldino de los pinares que convidan a la unción, podrá advertir la alegría jocunda del campeño, la destreza del citadino, las artes del fuerano forastero que se llega a nuestras plazas con aires de gran señor, pero que en el fondo sólo lo anima un sentimiento: sacar el mejor provecho posible de sus afanes.

Para las ferias, nuestro pueblo se viste de gala, busca el color, siente el alma llena de alegría, se llena de esperanza y contagia a quienes llegan con su espíritu alegre, con su corazón hecho llama y deseo.

No hay época más bella en nuestros poblados que cuando se acercan sus fiestas patronales.

Entonces pareciera que el hombre, la flor y nata de nuestra sociedad —y decimos hombre en el sentido más amplio, cubriendo por igual a los del sexo masculino como al del femenino— tiene una idéntica vibración, un solo espíritu; la alegría se ha anudado a su garganta, la esperanza alienta en su corazón y sus ojos y su semblante, espejos del alma, dicen de su contento.

Comayagüela tiene fama por sus fiestas populares. Habiéndola antecedido como fundación en los días ya lejanos del coloniaje la Villa de San Miguel de Heredia de Tegucigalpa, de la que hay que suponer fuera tan sólo un primoroso sitio, situado más allá del caprichoso río Choluteca, pronto dejaría atrás en fama su feria a la de la que con el tiempo llegaría a ser la capital de la República, la cual vio con más acierto sumarse a los comayagüelas en sus festejos que celebrar por sí sola las de San Miguel.

Habiéndola antecedido como fundación en los días ya lejanos del coloniaje la Villa de San Miguel de Heredia de Tegucigalpa, de la que hay que suponer fuera tan sólo un primoroso sitio, situado más allá del caprichoso río Choluteca, pronto dejaría atrás en fama su feria a la de la que con el tiempo llegaría a ser la capital de la República, la cual vio con más acierto, sumarse a los comayagüelas en sus festejos que celebrar por sí sola las de San Miguel.

Comayagüela tiene condiciones especiales para ser el centro de grandes celebraciones populares: en primer término, contiene más territorio, es más amplia que la metrópoli; tiene sobre ésta una disposición más acorde con los nuevos tiempos en cuanto a sus calles y avenidas; son éstas más regulares que las de aquélla, más espaciosas y, además, la situación geográfica la favorece, porque Comayagüela es la entrada obligada a la capital por la banda Sur, y desde el Norte o el Oeste. Esta situación especialísima le ha dado preeminencia.

Y esto la ha favorecido, repito, en cuanto a sus fiestas, porque a éstas concurren no sólo los habitantes de sus populosas y tradicionales barriadas: La Chinera, con su historial un poco majo; Belén, como una anunciación; La Cuesta, lejana y siempre presente; Sipile, que ha dejado de ser el cerro despoblado para ser como un conjunto de nidos de alondras que se agitan y cantan la vibrante canción del trabajo apenas despunta la aurora; La Granja y Guacerique, La Básica y Puente de Tierra, barriadas deseosas de progreso y que lo van obteniendo a medida que pasan los años; sino que a su conjunto de pequeñas barriadas se unen los habitantes de Tegucigalpa y de sus contornos, y llegan desde muy lejanos sitios muchas gentes deseosas de alegría, de probar suerte y de esparcimiento.

Esta característica especial de Comayagüela, que no la tiene ninguna otra población del país, no debe perderse de vista, si se quiere transformar la Feria Anual de Comayagüela en un gran espectáculo capaz de atraer al turismo nacional y extranjero.

Nosotros, mientras no contemos con suficientes y buenas carreteras, no podremos desarrollar en la escala que sería de desear el turismo; pero éste podría encontrar, en los días de la Feria, grandes atractivos, si iluminamos convenientemente las principales arterias citadinas, con sistemas ornamentales de luz especiales que perfectamente pueden cubrir los comerciantes e industriales avecindados en la ciudad; si hacemos un verdadero "coney island" para que los niños hallen toda clase de diversiones.

Si también en ese parque los grandes hallan alicientes honestos y no solamente el juego que, hoy por hoy, viene a ser el mayor atractivo de la Feria, no obstante que empobrece los bolsillos de incontables familias, porque el más perjudicado con estos juegos es siempre el pobre y no el poderoso, porque éste, por más que pierda, siempre tiene medios para resarcirse de sus pérdidas.

En cambio, nuestros "penquitos" que van alucinados por la atracción diabólica del juego a dejar sus veintes, sus diacuatros y lempiras, si es que los tienen, se convierten en las ovejas que salen trasquiladas de estos festejos que, como ya está comenzándose a hacer, deben ir más a iluminar los sentidos, a crear sentimientos de alegría sana y a llenar de júbilo a grandes y chicos y no a conducirlos a la taberna, a la mesa de juego o a la ruina, ya que las dos primeras conducen directamente a la tercera.

Podría pensarse en la preparación de carnavales en diciembre. Sería un espectáculo grandioso, del cual los remedos o inicios los hemos visto ya, con la participación de carrozas costeadas por el comercio, los industriales y otras firmas importantes establecidas en la ciudad, lo mismo que por los gremios de los distintos barrios.

Si se pudiera combinar, cosa que no creo difícil, toda esta fuerza dispersa, si se la amalgamara, teniendo como punto de enlace coordinador al Comité de Festejos que podría ser nombrado por lo menos con seis meses de anticipación —en el mes de junio de cada año, digamos— lograríamos transformar la Feria de la Concepción en algo más expresivo, más interesante y más bello.

La importancia que va obteniendo año con año la Feria, se manifiesta en el hecho mismo de ir en aumento intensivo, casi en progresión geométrica y no aritmética, el remate de la plaza. Y esto indica que como negocio es lucrativo y que, por consiguiente, se está en condiciones de transformar a la Feria en un gran espectáculo de profunda raigambre y significación popular.

Para esto es necesario, como ya lo señalé antes, nombrar con la suficiente anticipación el Comité, dotarlo de medios adecuados para que pueda laborar en los preparativos de muchos nuevos espectáculos como exposiciones de Bellas Artes, de Industrias, Agricultura y Comercio, competencia interescolares de teatro infantil, carnaval, con las respectivas elecciones de reinas y reyes, grandes paseos de disfraces, juegos pirotécnicos, etc., etc.

La importancia que va obteniendo año con año la Feria, se manifiesta en el hecho mismo de ir en aumento intensivo, casi en progresión geométrica y no aritmética, el remate de la plaza.

Juntamente con todo esto, valdría la pena volver a la antigua costumbre de los Juegos Florales que, si no iguales a aquellas bellas competencias del gay saber como en los tiempos de Clemencia Isaura, dieran oportunidad para convertirse en el termómetro del avance de las letras patrias, máxime cuando, como en el caso de Comayagüela, son tantos y tan exquisitos los talentos poéticos que posee.

Existiendo la Asociación Nacional de Bibliotecarios y Archiveros que abrirá en breve su primera Biblioteca en Comayagüela, esta entidad podría procurar, con el auxilio del Comité de Festejos, la preparación de la Feria del Libro Hondureño, con mayor amplitud de como ya en años anteriores se ha hecho.

Si a estos actos se les hace una buena propaganda dentro y fuera del país, pueden atraer a centenares de viajeros que serían los mejores mantenedores de estos festivales, porque las inversiones que hicieran irían a robustecer la economía del comercio, de las industrias —y no perdamos de vista que Comayagüela es la ciudad industrial del porvenir para el centro de Honduras— así como de otras actividades propias de esos días, y entonces, en vez de ser la Feria un motivo para enriquecimiento de unos pocos en menoscabo de los más, sería objeto de mejoramiento del bienestar de muchas gentes.

El progreso de Comayagüela, puesto de relieve especialmente durante la presente Administración, demanda ya nuevos rumbos a su Feria, ojalá dotara a ésta de edificios propios, de pórticos que no fueran flor de un día, sino construcciones ornamentales de valor permanente que al mismo tiempo que prestaran un servicio durante los actos feriales, fueran también motivo ornamental de la cada vez más atractiva ciudad de Comayagüela.

La Feria de la Concepción de Comayagüela puede ser un gran incentivo de progreso para la ciudad y para la República. Es preciso que la mejoremos en su condición y que, abiertos los ojos a las nuevas tendencias, la transformemos en un gran instrumento de progreso, de riqueza y de alegría, tal y como vemos que se hace en las naciones europeas y en muchos estados norteamericanos, donde las ferias tienen características que las hacen inimitables.

Porque nosotros también podemos pensar en cultivar el folklore, reivindicar y sacar del olvido el alma popular, proscrita por la sensiblería y el afán de imitación de cosas exóticas y también de mucho detestable y bajo que nos viene de otros pueblos.

Si nosotros pensamos un poco más en Honduras; si nos acordamos que tenemos mucho de bueno que generalmente olvidamos, entonces podremos presentar a los ojos de los extraños el alma nacional en esta Feria que, siendo de la Concepción de Comayagüela, puede, sin mucho costo, solamente con un poco de método, de espíritu crítico bien aplicado y de anhelos de superación, convertirse en el gran centro de las celebraciones anuales de la gran patria morazánica, porque nuestra Feria, dado que no es política, podemos transformarla en la mejor atracción que pueda encontrar el viajero muchos centenares de millas a la redonda.

Conque, manos a la obra, es lo que se me ocurre decir a todo nuestro amado conglomerado social, para bien de los intereses de nuestras gentes y para prestigio y orgullo de la próspera ciudad que hace ciento dos años dejó su condición de aldea, para ser la muy progresista Villa de Nuestra Señora de la Concepción y más tarde, en 1897, la Ciudad que se adentró en los senderos de su prosperidad y hoy es antena hacia el futuro, en el corazón mismo de nuestra tierra de los pinares, en donde el alma de América palpita con intensidad, sin descanso y con un noble y bello sentido constructivo.

Porque nosotros también podemos pensar en cultivar el folklore, reivindicar y sacar del olvido el alma popular, proscrita por la sensiblería y el afán de imitación de cosas exóticas y también de mucho detestable y bajo que nos viene de otros pueblos.

Si nosotros pensamos un poco más en Honduras; si nos acordamos que tenemos mucho de bueno que generalmente olvidamos, entonces podremos presentar a los ojos de los extraños el alma nacional en esta Feria que, siendo de la Concepción de Comayagüela puede, sin mucho costo, solamente con un poco de método, de espíritu crítico bien aplicado y de anhelos de superación, convertirse en el gran centro de las celebraciones anuales de la gran patria morazánica, porque nuestra Feria, dado que no es política, podemos transformarla en la mejor atracción que pueda encontrar el viajero muchos centenares de millas a la redonda.

Conque, manos a la obra, es lo que se me ocurre decir a todo nuestro amado conglomerado social, para bien de los intereses de nuestras gentes y para prestigio y orgullo de la próspera ciudad que hace cientos años dejó su condición de aldea, para ser la muy progresista Villa de Nuestra Señora de la Concepción y más tarde en 1897, la Ciudad que se adentró en los senderos de su prosperidad y hoy es antena hacia el futuro, en el corazón mismo de nuestra tierra de los pinares, en donde el alma de América palpita con intensidad, sin descanso y con un noble y bello sentido constructivo.

**DAISY MINERA DE GUTIÉRREZ
(DAMARIIS NEY).**
1951.

SU MAJESTAD ADRIANA I

(ADRIANA SIRI ZÚÑIGA)
REINA DE LA FERIA DE CONCEPCIÓN — 1951

SALUTACIÓN

Con un puñado de versos,
que tus manos vuelven tersos,
llega este bardo ante vos;
mientras bajan de los cielos,
a realizar tus anhelos,
las bendiciones de Dios.

Hoy la luz de la manana
se aproximó a tu ventana
con un mensaje de amor;
y un jilguero, con cariño,
depositó en tu corpiño
~~las esperanzas en flor.~~

Comayagüela, orgullosa,
hoy se muestra más hermosa
ante tu alba majestad;
y el astro rey pleitesía
quiso rendirte este día
y te dio su claridad.

El Río Grande, sonoro,
su canto de perla y oro
lleva hacia el seno del mar:
y contemplan las estrellas,
entre un cortejo de bellas,
tu donosura pasar.

Perfumes los azahares
esparcen y los pinares
sutil susurra te dan;
y cae, puesto de hinojos,
ante el fulgor de tus ojos
el terrible Calibán.

El aire inquieto se atreve
y llega, sumiso y leve,
a acariciarte la faz;
y las aves vocingleras,
por montañas y praderas,
entonan himnos de paz.

Comayagüela pregona
que su diáfana corona
luce tu piel virginal;
y se inclina Primavera
¡Oh, Reina Adriana Primera,
ante tu paso triunfal!

VICENTE MACHADO hijo
Comayagüela, 7 de diciembre de 1951

TERCER CONCURSO LITERARIO

(PROMOVIDO POR EL COMITÉ DE FESTEJOS DE LA FERIA DE CONCEPCIÓN DE COMAYAGÜELA).

COMAYAGÜELA, D. C., 24 DE DICIEMBRE DE 1952

ACTA DE LA SESIÓN PARA ORGANIZAR EL COMITÉ DE FESTEJOS DE LA TRADICIONAL FERIA DE CONCEPCIÓN DE COMAYAGÜELA DE 1952.

En el Palacio del Distrito Central, ciudad de Tegucigalpa, el día martes dieciocho de noviembre de mil novecientos cincuenta y dos. —Siendo las cuatro de la tarde, estando presentes los miembros del Concejo del Distrito Central y los señores Conrado Napky, Valentín Bonilla, Licenciado Rafael Manzanares, Profesor Hernán Castro Coello, Profesor Luis Amílcar Raudales, Coronel Rosalío R. Zavala, Doctor Guillermo E. Durón y Abogado Horacio Moya Posas, se procedió a la organización de la Comisión de los festejos de la Feria de Concepción de Comayagüela, que se llevará a cabo del 7 de diciembre al 24 de dicho mes, lo cual se hizo de la manera siguiente:

1°— Se procedió a la elección del Presidente, resultando el Doctor Guillermo E. Durón con siete votos y el Abogado Horacio Moya Posas, uno.

2°— Acto seguido fue electo Vicepresidente el Abogado Horacio Moya Posas, con siete votos contra uno que obtuvo el Profesor Luis Amílcar Raudales.

3°— A continuación fue electo Secretario Primero el Coronel Rosalío R. Zavala, con cinco votos contra tres que obtuvo el Licenciado Rafael Manzanares.

4°— Seguidamente fue electo Secretario Segundo el Licenciado Rafael Manzanares Aguilar, con siete votos contra uno que obtuvo el Profesor Luis Amílcar Raudales.

5°— En seguida fueron electos Vocales por su orden del primero al séptimo, el Profesor Luis Amílcar Raudales, Conrado Napky, Valentín Bonilla y Profesor Hernán Castro Coello, Doña Julia Zúñiga

Bain, Doña Cristina Lardizábal v. de Paredes y doña Emilia Landa de Bardales. Acto continuo se dio posesión a los miembros de la Comisión presentes, quienes fueron informados que están a la disposición de dicha Comisión VEINTE MIL LEMPIRAS para sufragar los gastos que impenderán las festividades que programe para la Feria.

(f) FRANCISCO GARCÍA VALLADARES, Presidente del Concejo del Distrito Central.

(f) CARLOS LARDIZÁBAL, Vocal.

(f) FLORENCIO PUERTO, Fiscal.

(f) HORACIO MOYA POSAS, Vicepresidente.

(f) RAFAEL MANZANARES A., Secretario Segundo.

(f) CONRADO NAPKY, Vocal Segundo.

(f) HERNÁN CASTRO COELLO, Vocal Quinto.

(f) FLORENTINO ÁLVAREZ CANALES, Secretario del Concejo.

NOMBRAMIENTO DEL JURADO PARA EL CERTAMEN LITERARIO

Comayagüela, D. C., 12 de diciembre de 1952.

Señor Bachiller y Poeta don Salvador Turcios R.,
Señor Profesor de Estado don Miguel Ángel Navarro h.,
Señor don Luis Figueroa Fonticoba,
Presente.

Muy estimados señores:

Tengo el agrado de transcribir a ustedes el punto de Acta de la novena Sesión ordinaria celebrada por el Comité de Festejos de la Feria de Concepción, el día lunes primero del corriente, el cual dice así:

1° —
2° —
3° —
4° —

5º — Fueron recomendados para integrar el Jurado Calificador que examinará los trabajos literarios que presentarán los concursantes de este año, los señores Bachiller y Poeta don Salvador Turcios Ramírez, Profesor de Estado don Miguel Ángel Navarro hijo y el caballero don Luis Fonticoba.

6º —

7º —

Lo que pongo en el digno conocimiento de ustedes hasta hoy, porque esperaba que se conocieran las "BASES" del Concurso Literario, las que fueron publicadas el 8 del presente en los periódicos "El Día", "El Pueblo" y "La Época", y recibí también los primeros trabajos, de los cuales ya tengo algunos en mi poder.

En la esperanza de que aceptarán con agrado la designación de Miembros del Jurado, les anticipo las gracias por su condescendencia y me subscribo de ustedes por su muy atento servidor.

(f) ROSALÍO R. ZAVALA,
Secretario Primero.

BASES PARA UN NUEVO CONCURSO LITERARIO

(AUSPICIADO POR EL COMITÉ DE FESTEJOS DE LA FERIA DE CONCEPCIÓN DE COMAYAGÜELA).

El Comité de Festejos de la Feria de Concepción, queriendo dar una nueva oportunidad a los escritores y poetas hondureños, ha dispuesto auspiciar un Tercer Concurso Literario con el objeto de estimular a la intelectualidad del país, conforme a las BASES siguientes:

1a — Conceder tres premios de 100, 75 y 50 lempiras para los tres mejores trabajos en prosa que se presenten.

2a — Conceder tres premios de 100, 75 y 50 lempiras para los tres mejores trabajos en verso que se presenten.

3a — El tema para este concurso será libre, es decir, a opción de los participantes.

4a — Los trabajos deberán ser escritos en máquina por un solo frente, procurando no sean muy extensos.

5a — Los interesados enviarán los trabajos a la Secretaría del Comité, firmados con seudónimo y en sobre cerrado que diga arriba: "Para el Concurso Literario", y abajo, "Señor Secretario del Comité de Festejos". Dentro de ese sobre se incluirá la "plica" o sobre pequeño cerrado, sellado o lacrado, si es posible, que contenga el verdadero nombre del autor, el seudónimo correspondiente y el título del trabajo para poder establecer la identidad.

6ª — Estos trabajos deben ser remitidos a más tardar el 16 del corriente, para que el Jurado Dictaminador los examine y pueda dar su veredicto lo más pronto posible, a fin de que, los que merezcan su aprobación, pasarán inmediatamente a las cajas tipográficas donde se están imprimiendo los dos concursos anteriores de 1950 y 1951, para ver si es posible distribuir el Libro el domingo 28 del corriente, fecha fijada para la adjudicación de premios.

Comayagüela, D. C., 8 de diciembre de 1952.

(f) GUILLERMO E. DURÓN, Presidente.

(f) ROSALÍO R. ZAVALA, Secretario Primero.

REMISIÓN DE LOS TRABAJOS LITERARIOS

Comayagüela, D. C., 17 de diciembre de 1952.

Señor Bachiller y Poeta don Salvador Turcios R.
Señor Profesor de Estado don Miguel Ángel Navarro h.,
Señor don Luis Figueroa Fonticoba,
Presente.

Señores de mi consideración:

Para que puedan examinar y dar un veredicto favorable o desfavorable sobre los trabajos presentados al Certamen Literario promovido por el Comité de Festejos de la Feria de Concepción que quedó cerrado el día de ayer por la tarde, les remito, para su estudio, 24 producciones recibidas por esta Secretaría, las cuales van numeradas por orden cronológico conforme se fueron recibiendo; 3 de las cuales son cubiertas muy grandes.

El total de trabajos enviados a esta Secretaría ascendió a 26, pero dos de ellos no los sujetaron a las BASES publicadas el 8 del corriente en los Diarios "El Día", "La Época" y "El Pueblo", circunstancia por la cual no las incluyo en este envío.

El total de trabajos enviados a esta Secretaría ascendió a 26, pero dos de ellos no los sujetaron a las BASES publicadas el 8 del corriente en los Diarios "El Día", "La Época" y "El Pueblo", circunstancia por la cual no las incluyo en este envío.

Las plicas que deben ir dentro de los sobres que contienen los diversos temas deben ser devueltas juntamente con los trabajos y el informe o Acta correspondiente, para abrirlas en una sesión extraordinaria en presencia de todos los miembros que integran el Comité de Festejos, a efecto de saber quién o quiénes son los autores triunfantes, para otorgarles los premios en efectivo y los Diplomas a que tienen derecho.

Ojalá ese Honorable Tribunal Dictaminador pueda emitir su fallo lo más pronto posible, a efecto de que los trabajos agraciados puedan entrar en prensa inmediatamente para su distribución el domingo 28 del que rige, fecha en que el Comité de Festejos de la Feria de Concepción clausurará sus labores mediante un acto público de alguna trascendencia en la vida cultural.

Con toda consideración quedo de los señores Miembros del Jurado Calificador, por su muy atento y deferente servidor.

(f) ROSALÍO R. ZAVALA, Secretario Primero.

DEVOLUCIÓN DE LOS TRABAJOS LITERARIOS

Comayagüela, D. C., 25 de diciembre de 1952.

Señor Secretario del Comité de Festejos de la
Feria de Concepción, don Rosalío R. Zavala,
Presente.

Tenemos el honor de devolver a usted los trabajos que llegaron al Jurado Calificador del Tercer Concurso Literario de la Feria de Concepción de Comayagüela del presente año, que se nos enviaron para su estudio y dictamen, juntamente con el Acta en que aparece el dictamen que se dio acerca de dicho certamen.

Somos de usted sus muy atentos servidores.

(f) SALVADOR TURCIOS R.
(f) MIGUEL A. NAVARRO h.

(f) LUIS FIGUEROA FONTICOBA.

ACTA DEL JURADO CALIFICADOR DEL TERCER CONCURSO LITERARIO

(DE LA FERIA DE CONCEPCIÓN DE COMAYAGÜELA DEL MES DE DICIEMBRE DE 1952).

En la ciudad de Comayagüela, D. C., a los veinticinco días del mes de diciembre de mil novecientos cincuenta y dos, reunidos los suscritos en casa del Profesor de Estado don Miguel A. Navarro h., miembros del Jurado Calificador del Tercer Concurso Literario nombrado por el Comité de Festejos de la Feria de Concepción del presente año; y habiendo recibido del señor Secretario del expresado Comité los trabajos literarios que recibió para dicho Certamen, los cuales fueron estudiados detenidamente, de acuerdo con las Bases propuestas, y después de un cambio de impresiones y pareceres a este respecto, hacen constar:

1º—Que revisaron y estudiaron los siguientes trabajos en PROSA:

1. Evocación de Genoveva Guardiola de Estrada Palma, firmado con el seudónimo de Ixquic.
2. El Trece Negro (Cuento), por Arkel Yusuf.
3. Baturrillo Histórico, por Aníbal Ad-Portas.
4. Cita en Comayagüela, por Topilzix.
5. Feria en el Extremo de una Tarjeta Postal, por Un Pastor.
6. Leyenda del Lago de Yojoa, por Carlota Corday.
7. Entrando por la Carretera del Norte a Comayagüela, firmado con el seudónimo de Ilusión.
8. Sombra, Eterna Amiga, por Raúl Maya Calderón.
9. Ciudad de Comayagüela en su Día, por León Villafuerte.
10. Estampas de Comayagüela. — Cómo era la Feria de Concepción, por Tecum-Umán.
11. El Porvenir de la Capital de Honduras está en Comayagüela, por Sylvio Romero.
12. Escuelas, Agricultura y Caminos, Necesita Honduras, por Aníbal Prieto.
13. Desde la Ventana del Recuerdo, por El Abuelo.
14. La Rural, por Justo Pencaligüe.
15. La Gota Perdida. — De cómo nació el Lago de Yojoa y cómo tuvo de ello culpa el Viento, por Dagmar.

2º—También revisaron y estudiaron las siguientes composiciones en VERSO:

1. Comayagüela, por Expedito Javier.
2. Escucha, Río, por Alma Iris.
3. Mi Canto a Comayagüela, por Bobby Carrillo.
4. Usted que Visitó Tegucigalpa, por Jaime Pino.
5. Tríptico de Comayagüela, por Modesto Castro.

6. A la Feria de Comayagüela, por Mauro Modesto Forniels.

7. Auto Descripción, por el Duende Oculto.

3º — Que algunos de los trabajos presentados al Concurso no se ajustaron a las Bases acordadas.

4º — Que previo un estudio sincero e imparcial del material literario indicado, acordaron los suscritos conceder los Premios señalados en las Bases, de la manera siguiente:

PRIMER PREMIO de CIEN LEMPIRAS y un Diploma de Honor, al trabajo en prosa titulado "La Gota Perdida". — De cómo nació el Lago de Yojoa y cómo de ello tuvo culpa el Viento, firmado con el seudónimo de Dagmar.

SEGUNDO PREMIO de SETENTA Y CINCO LEMPIRAS y un Diploma, al trabajo en prosa titulado "Evocación de Genoveva Guardiola de Estrada Palma", firmado con el seudónimo de Ixquic.

TERCER PREMIO de CINCUENTA LEMPIRAS y una Mención Honorífica, al trabajo en prosa titulado "El Trece Negro" (Cuento), firmado con el seudónimo de Arkel Yusuf; y

PRIMER PREMIO de CIEN LEMPIRAS y un Diploma de Honor, a la composición en verso titulada "Comayagüela", firmada con el seudónimo de Expedito Javier.

SEGUNDO PREMIO de SETENTA Y CINCO LEMPIRAS y un Diploma, a la composición en verso titulada "Pintor, Píntame a Comayagüela", firmada con el seudónimo de Raduhon del Valle.

TERCER PREMIO de CINCUENTA LEMPIRAS y una Mención Honorífica, a la composición en verso titulada "Escucha, Río", firmada con el seudónimo de Alma Iris.

5º — Los Miembros del Jurado Calificador hacen constar: que llegaron al Concurso dieciséis trabajos en "prosa" y ocho trabajos en "verso", no obstante lo prematuro del plazo señalado.

6º — Creyendo los suscritos haber cumplido con la comisión que se les encomendó, tienen a bien enviar la presente Acta comprobatoria al señor Secretario del Comité de Festejos de la Feria de Concepción de Comayagüela, para los efectos correspondientes.

(f) SALVADOR TURCIOS R.

(f) MIGUEL A. NAVARRO h.

(f) LUIS FIGUEROA FONTICOBA.

SESIÓN EXTRAORDINARIA

Con motivo de haberse recibido del Jurado Calificador el Acta correspondiente relacionada con el Concurso Literario promovido por el Comité de Festejos de la Feria de Concepción de Comayagüela, juntamente con la devolución de los 24 trabajos presentados al Certamen, el Presidente del Comité, Doctor Guillermo E. Durón, convocó a una Sesión Extraordinaria para conocer el veredicto del Jurado, habiéndose verificado la reunión en casa de habitación del Vicepresidente Licenciado Horacio Moya Posas, a las 12 meridiano del día viernes 26 de diciembre de 1952, presidida por el Doctor Durón, con asistencia del Vicepresidente Licenciado Moya Posas, del Vocal Primero Profesor don Luis Amílcar Raudales y del infrascrito Secretario Primero, procediéndose así:

1º — El Presidente explicó el motivo de la convocatoria, y acto seguido dio lectura a la nota de remisión suscrita por el Bachiller y Poeta don Salvador Turcios Ramírez, por el Profesor de Estado don Miguel Ángel Navarro h., y por el caballero don Luis Figueroa Fonticoba; leyendo a continuación el Acta General firmada por los mismos Miembros del Jurado Calificador nombrados por el Comité de Festejos.

2º — El Secretario Primero, en presencia de los allí presentes, sacó los trabajos premiados y no premiados de un paquete, tal como los remitió el Jurado Calificador, arreglándolos por el orden numérico correspondiente, sacando en seguida las "Plicas" y numerando éstas al igual que los sobres, para evitar confusiones.

3º — El Presidente leía el título del trabajo y el seudónimo respectivo, y el Secretario Primero anotaba en su libreta de apuntaciones, y después se abría la "Plica" para conocer el verdadero nombre del autor, y así sucesivamente hasta terminar la operación.

4º — Según el veredicto del Jurado Calificador, obtuvo el PRIMER PREMIO el trabajo en prosa titulado "La Gota Perdida". — De cómo nació el Lago de Yojoa y cómo tuvo de ello la culpa el Viento, firmado con el seudónimo de Dagmar, que resultó ser el de la escritora doña Daisy Minera de Gutiérrez. — EL SEGUNDO PREMIO lo mereció el trabajo en prosa titulado "Evocación de Genoveva Guardiola de Estrada Palma", firmado con el seudónimo de Ixquic, que resultó ser el de la Profesora María Trinidad del Cid.

— EL TERCER PREMIO se le adjudicó al trabajo en prosa titulado "El Trece Negro" (Cuento), firmado con el seudónimo de Arkel Yusuf, que resultó ser el de la escritora y cuentista doña Daisy Minera de Gutiérrez.

5º — Conforme el dictamen del Jurado Calificador, alcanzó el PRIMER PREMIO el trabajo en verso titulado "Comayagüela", firmado con el seudónimo de Expedito Javier, que resultó ser el del estudiante de Cuarto Curso en la Escuela Normal Central de Varones Edilberto R. Cardona. EL SEGUNDO PREMIO se le confirió al trabajo en verso titulado "Pintor, Píntame a Comayagüela", firmado con el seudónimo de Raduhon del Valle, que resultó ser el de Luis Díaz Rodríguez. EL TERCER PREMIO le fue otorgado al trabajo en verso titulado "Escucha, Río", firmado con el seudónimo de Alma Iris, que resultó ser el de la Profesora, declamadora y poetisa Elvia Castañeda de Machado.

6º — Habiendo terminado el examen de los SEIS trabajos literarios que merecieron los premios acordados por el Comité de Festejos, se levanta la Sesión a las 12 y 35 p. m., firmando los miembros presentes para constancia.

(f) GUILLERMO E. DURÓN, presidente.
(f) HORACIO MOYA POSAS, vicepresidente.
(f) LUIS AMÍLCAR RAUDALES, vocal primero.
(f) ROSALÍO R. ZAVALA, secretario primero.

LEYENDA DE LA GOTA PERDIDA

DE CÓMO NACIÓ EL LAGO DE YOJOA Y CÓMO TUVO DE ELLO CULPA EL VIENTO

Una noche en que los cien ojos parpadeaban en los Cielos para escudriñar a los hombres, y en que cada hombre era un roble bronceado que contrataba con los Dioses y hasta los retaba a duelo; una noche en que Honduras no se llamaba Honduras, ni Hibueras, sucedió el siguiente acontecimiento que voy a relataros —si la imaginación y la pluma se ponen de acuerdo para que las frases se concatenen en forma tal, que una idea pueda suceder a la otra, en los campos de la narración—.

El hecho tuvo lugar, precisamente ahí donde está ahora nuestro Lago del mismo nombre que en aquellos tiempos no era más que una planicie en donde habitaba un pueblo indígena, quieto y pacífico, que era gobernado por un Cacique que había sido designado por el conciliábulo de varias tribus, reunidas y centralizadas bajo un mismo sistema de vida.

El hombre a quien habían entregado las riendas, era un buen Patriarca en el que las virtudes no tenían límite y había ascendido a tal categoría sin que para ese entonces existieran escalones diplomáticos ni carreras políticas de ninguna especie.

Su nombre era Yojoa y su fama tal, que desde los más lejanos confines llegaban a consultarle muchísimas tribus en sus momentos difíciles.

En su pueblo, todo era alegría, alegría y trabajo. Las mujeres se encargaban de la jarcia; los hombres se dedicaban a la caza y a la pesca. Y por las tardes, a la hora de la oración, se reunían para rezar a los dioses, sobre todo a los de su predilección, que eran dos: EL SOL Y LA LUNA.

Yojoa, entonces, se recogía en piadosa meditación y se alejaba de los demás para hacer consultas al Cielo sobre la forma de gobernar a su Pueblo, y era tan profunda su abstracción espiritual, que ni el viento mismo quebraba el silencio tenso y solemne que lo envolvía.

Las cosas eran siempre iguales en el ambiente: trabajo, alegría y recogimiento. Nada cambiaba el panorama: ni una buena pieza de caza, ni el rugido de las fieras que deambulaban por los bosques para impresionar a los buenos indios con su ruidaje que repicaba a muerte.

Pero esa noche, hubo un cambio total.

Yojoa estaba en oración y prolongó más de la cuenta su meditación porque hacía muchas lunas que no había caído una gota de agua para regar los sembríos y en todos los rostros se advertía la preocupación.

—¡Oh amados Dioses! —exclamaba—; dadnos agua para mitigar la sed de las plantas.

De pronto, las ramas se quebraron y una luz fuerte le cubrió de pies a cabeza y de la luz misma apareció la imagen de una mujer, tan hermosa como la belleza misma.

Vestía un traje negro a manera de túnica que le ceñía el cuerpo cayendo en graciosas ondas y entre los pliegues se asomaban diminutas estrellas hechas de escarcha y de rocío.

—Yojoa —le dijo—. Yo soy la noche a quien tantas veces has cantado. He escuchado tus ruegos y como sé que eres acreedor a muchos dones, porque eres un hombre sabio y puro, he venido a decirte que tus ruegos esta vez no serán escuchados, porque los Cielos están preocupados por una desgracia que les ha acontecido. Y de todo esto nadie ha tenido más la culpa, que el Dios Viento, que hace algunas lunas se puso a jugar con las nubes y por estar en estas distracciones infantiles hizo desprenderse una gota de agua de la nube más querida.

Desde ese día, los Cielos no tienen calma y los Dioses estamos preocupados. La hemos buscado por doquier inútilmente: por las dunas de los desiertos, por las cumbres de las montañas y no ha habido capa celestial, que no haya sido removida para encontrarla.

Sólo nos faltan los bosques y las entrañas de la Madre Tierra y es por esto que hemos pensado en ti porque sabemos que tú eres el mortal que puede ayudarnos a la búsqueda. ¡Anda!, dile a tu pueblo, que necesitamos de sus esfuerzos y que si la gota de agua no se encuentra algún día, la humanidad entera desaparecerá, como en otrora.

Y diciendo esto, la bella mujer desapareció tal como había llegado.

Al no más salir los rayos del sol, Yojoa llamó a su Pueblo y le habló de la misión que se le hubiera encomendado. Los indígenas comprendieron sus palabras y se dispersaron por diferentes rumbos en busca de la perdida gota.

Unos, tomaron el sendero del Norte y se internaron por las selvas, otros el del Sur vadeando las riberas de los ríos. Y así, en esa penosa e insistente búsqueda pasaron dos lunas impregnadas de verdadera angustia.

Una noche, Yojoa tuvo una especie de revelación: soñó que en las entrañas de la Tierra estaba la gota y que debía poner a su Pueblo y a los demás pueblos vecinos a abrir una cuenca enorme cuyas profundidades debían ser tales que fueran capaces de cubrir un ejército de cabo a rabo.

Cuando su plan se hubo realizado y ya la cuenca había alcanzado proporciones fantásticas y los hombres se confundían en su fondo como si fueran verdaderas hormigas, o ciudades vistas a vuelo de pájaro, una mañana Yojoa dijo a su gente: "Estamos cerca, podéis quitar la piedra que ahí estará la gota escondida".

Los hombres cumplieron el mandato y en efecto, vieron la gota que asomaba la cabeza queriendo librarse; pero no pudieron presenciar más cosa porque el agua comenzó a brotar a borbollones y no hubo uno que escapara de la muerte.

Yojoa, fue el primero que pereció en la hecatombe y la noche tuvo ese día que cambiar de traje y se vistió de riguroso luto; los vientos también se pusieron a soplar y a soplar como nunca antes lo habían hecho; pero cuando vino la calma y el sol volvió a alumbrar, una mancha de agua apareció en Honduras: era la gota, que más bella que nunca, miraba la noche y las estrellas reclinada en un lecho, en cuyo fondo estaba el Cacique Yojoa.

DAISY MINERA DE GUTIÉRREZ
(DAGMAR)

EVOCACIÓN DE GENOVEVA GUARDIOLA DE ESTRADA PALMA

I
EN EL PÓRTICO DEL RECUERDO

Desde hace mucho tiempo nos preocupa el nombre de Genoveva Guardiola de Estrada Palma. La hora es propicia para los recuerdos. Días decembrinos, fechas inolvidables, tardes grises, saturadas de inexplicable melancolía y de añoranzas de un tiempo para siempre ido... Todo nos invita a la meditación, a retirarnos al sitio más acogedor del hogar. La mente no descansa nunca, ni el corazón jamás está quieto. Hay ansias insospechadas que nos obligan a movernos de sitio a cada minuto. Es así, como poseídos de un afán patriótico, vamos penetrando en un mundo de silencio y como si fuese en la soledad de un templo, nos detenemos devotamente ante las egregias figuras de las mujeres del ayer. Dentro de esa galería magnífica encontramos la inspiración subyugadora para investigar todo lo que se relaciona con la vida y obra de la heroica mujer que tratamos de enmarcar en una semblanza que patentice a la juventud las excepcionales virtudes de aquella dama de cuyo ejemplo está tan menesterosa la familia hondureña.

Quisiera contar como si fuera un cuento los rasgos de la vida de Genoveva Guardiola de Estrada Palma, al cumplirse en este año el 94 aniversario de su nacimiento en nuestra muy ilustre ciudad de Tegucigalpa.

II
NOTICIA HISTÓRICA DE TEGUCIGALPA EN EL SIGLO XIX, LA CIUDAD NATAL DE GENOVEVA GUARDIOLA DE ESTRADA PALMA

Cuando se proclamó la Independencia en 1821, se describe a Tegucigalpa así: una modesta aldehuela con tres o cuatro avenidas de oriente a poniente y unas seis o siete callejuelas de norte a sur, recostada en la falda del cerro El Picacho, ostentando el aspecto inconfundible del típico poblado hecho por el esfuerzo del conquistador español en tierras americanas; con sus casas antañonas de grandes aleros, asentadas sobre paredes de adobes de un metro de espesor; con ventanales y su único portón de entrada en las residencias de los ricos mineros. Por varios años conservó el nombre de Real de Minas de San Miguel de Tegucigalpa. El 10 de junio de 1762, don Alonso Fernández de Heredia le concedió el título de Villa de San Miguel y Heredia. La Junta Consultiva de Guatemala le otorgó el título de ciudad el 11 de diciembre de 1821. Fue declarada Capital de la República el 30 de octubre de 1880, por el Congreso Constituyente de aquel año, en la administración del Doctor Marco Aurelio Soto.

En Tegucigalpa han nacido varones ilustres que han luchado mucho por grandes y meritorias conquistas en pro de la libertad, cuyos nombres han traspasado las fronteras patrias. De las compañeras de los Próceres nada se sabe. Los historiadores, a excepción del Doctor Rómulo E. Durón y don Salvador Turcios R., les han sido indiferentes las heroicas mujeres del ayer.

III
SILUETA DE UNA VIDA ILUSTRE

Genoveva Guardiola de Estrada Palma nació en Tegucigalpa, el 20 de julio de 1858. Fue bautizada el 9 de septiembre del mismo año, en la Iglesia de San Miguel, hoy la Catedral Metropolitana, siendo su madrina la señorita Petrona Ferrary Agüero. La noticia de tal acontecimiento circuló en finas esquelas, dada la elevada posición social de sus progenitores: el General don Santos Guardiola, Presidente de la República, y la distinguida dama Anita Arbizú, quien por su belleza excepcional e inteligencia, se captaba la admiración y cariño de cuantos la trataban. El General don Santos Guardiola, en el tiempo en que nació Genoveva, su cuarta hija, estaba en el apogeo de su gloria y prestigio. Su Gobierno se ha considerado como uno de los más avanzados en nuestra Patria. Otorgó la libertad de imprenta, la del sufragio, la de locomoción; respetó y garantizó la libertad individual. Siendo tan popular fue reelecto para un segundo período de Gobierno, que comenzó el 7 de febrero de 1860, el cual no terminó porque el 11 de enero de 1862, a las 5 de la mañana, fue asesinado en Comayagua, por una sublevación militar de la Guardia de Honor. Este suceso produjo honda impresión en el país en razón de la popularidad que había conquistado en el tiempo que estuvo al frente de los destinos del Estado.

Cuando falleció el General Guardiola, su viuda doña Anita hizo que le prepararan convenientemente el corazón de su adorado compañero, y lo conservó en una urna de cristal, la cual estuvo durante toda su existencia en su oratorio particular. Cuando don Santos Guardiola era Presidente, doña Anita alternaba su vida entre Tegucigalpa y Comayagua, capital esta última ciudad de la República en aquel entonces. Pero desde que ocurrió el trágico fallecimiento de su esposo, se trasladó definitivamente a Tegucigalpa. Agobiada por el dolor, entró en la vieja casa solariega de los Guardiola y, rodeada de sus pequeños hijos, empezó una nueva vida, con la heroicidad de la clásica mujer hondureña. Todavía está la que fue suntuosa mansión; se encuentra ubicada en la Avenida Cervantes, sirve de albergue al Jardín de Niños Federico Froebel. Allí creció Genoveva Guardiola.

IV

HACIA LOS CAMINOS DE LA LUZ

Años de aprendizaje: Genoveva, como todas las niñas de su época, aprendió las primeras letras en escuelas privadas, siendo su primera maestra su madre. Fue ella quien orientó sus pasos iniciales hacia el saber, proporcionándole además los conocimientos sobre las labores propias de su sexo; clases de adorno, como música y otras ramas artísticas.

Aunque por ese tiempo ya la educación pública había alcanzado auge, bien sabido es que el General Morazán se preocupó por la enseñanza cuando fue Presidente de la República de Centro América; sostenía que la propaganda de las letras y las ciencias es uno de los principales y más interesantes objetivos que debe llenar la atención y el cuidado del Gobierno, quien está en la obligación de proteger los Establecimientos de Enseñanza Pública, por cuantos medios estén a su alcance. Era incansable el General Morazán en su tarea de organizador de la enseñanza en las parcelas centroamericanas. Frecuentes eran las excitativas a los Jefes de Estado, pidiendo noticias de métodos usados, de escuelas abiertas y de las que faltaban;

investigaba el sueldo de los maestros, las dotaciones de las escuelas. En ese tiempo el Jefe del Estado de Honduras, don Joaquín Rivera, se interesó por el mejoramiento de la Escuela Primaria, y envió los primeros jóvenes hondureños a estudiar a la Escuela Lancasteriana de Guatemala. La Constitución de 1824, que fue la que rigió en la República Federal, declaraba como atribución del Congreso dirigir la educación, estableciendo los principios generales más conformes con el sistema popular y al progreso de las artes y de las ciencias.

El Presidente Guardiola se interesó por establecer escuelas hasta en los lugares más apartados del país. Fue así como se crearon varios centros de educación para mosquitos, zambos, payas, situados desde el Aguán hasta el Cabo de Gracias a Dios. El General Leiva también dio impulso a la Instrucción Primaria; se dictó el primer Reglamento para la enseñanza elemental. Dio autorización para que se creara el Instituto de San Carlos, en Santa Rosa de Copán. La época más floreciente de la educación en todos sus aspectos fue la del Doctor Marco Aurelio Soto y de su progresista colaborador, el Doctor Ramón Rosa. Desde que se hizo cargo del poder, el 27 de agosto de 1876, se afanó por mejorar la enseñanza, dejando bien marcada la educación universitaria, secundaria y primaria. Se escribieron los primeros Códigos de Instrucción Pública, y desde entonces quedó establecida la enseñanza laica, gratuita y obligatoria sostenida por el Estado.

El año de 1877, se expidió, con fecha 13 de noviembre, el trascendental Acuerdo del Supremo Poder Ejecutivo, que marca una nueva era en la cultura de la mujer hondureña, al abrir la primera escuela de niñas en Tegucigalpa, la cual se llamó Colegio Elemental de Niñas "El Progreso", y cuya primera Directora fue la señorita Francisca Reyes del Palacio. Colaboró con ella en varias ocasiones la señorita Francisca Guardiola. Tan distinguidas maestras orientaron en la enseñanza superior a la señorita Genoveva Guardiola Arbizú.

También fueron fuentes de cultura las Tertulias Literarias, que en 1878 se establecieron en casa de la honorable dama doña Isidora Rosa, madre del Doctor Ramón Rosa. Allí se daban cita los intelectuales de aquella lejana época. Había un grupo de liróforos hondureños que se angustiaban ante los estertores últimos del romanticismo. Escribían en "La Paz", Molina Vijil, Ramón Reyes, José Antonio Domínguez, y entre los cubanos residentes en la Metrópoli hondureña, José Joaquín Palma, el poeta bayamés, cuyo canto a Tegucigalpa fue declamado por vez primera en las Tertulias

Literarias, donde también el Doctor Rosa inició la Conversación como arte, y varias señoritas de la mejor sociedad capitalina lucieron sus galas en el canto, ejecuciones al piano y en la danza. Entre cuyo grupo figuraban las hermosas hijas del ex-Presidente Guardiola, Genoveva y Galatea.

Las mujeres de antaño leían con profusión a Jorge Isaac, Asunción Silva, Manuel Gutiérrez Nájera, Manuel Acuña, Rubén Darío, Juan Ramón Molina. No obstante de que en sus bibliotecas no faltaban las obras de Víctor Hugo, Lamartine, Cervantes, etc... Comenzaron por ese tiempo las mujeres hondureñas a romper la timidez y lanzaron sus nombres, firmando bellas prosas y exquisitos versos. Se recuerdan: Anita Arbizú de Guardiola, Josefa Carrasco, Lucila Estrada de Pérez, Teresa Madrid, Teresa de Bográn, Guadalupe Reyes, Lucila Moncada, Carlota Membreño y otras.

En este marco de cultura abrevó su espíritu Genoveva Guardiola en los últimos años del siglo pasado; pero es de hacer notar que la influencia primordial en el refinamiento de la cultura de la hondureña ilustre, que más tarde ocuparía el alto puesto de Primera Dama de la Perla de las Antillas, se debió al medio familiar, a esa importante escuela que señaló una huella imborrable para su vida. Fue la piedra angular sobre la cual descansó toda la arquitectura de su brillante existencia para dar prestigio a su nombre y al de su solar nativo.

V

POR EL SENDERO DEL AMOR

Durante la Administración del Doctor Marco Aurelio Soto, llegó a Honduras una pléyade de cubanos ilustres, que encontraron en nuestra Patria cariño y comprensión. Honduras abrió de par en par las puertas para los cubanos que vinieron en busca de asilo, con motivo de los movimientos revolucionarios de Cuba, iniciados por don Carlos Manuel de Céspedes, el 10 de octubre de 1868, y que se conoció con el nombre de "Grito de Yara". Entre los cubanos sobresalientes vino el pedagogo don Tomás Estrada Palma, a quien el Presidente, Dr. Soto, por medio de acuerdo emitido por él y rubricado por Rosa, lo nombró Director General de Correos y Administrador Central de este Departamento, Traductor Oficial y Profesor del Colegio de Señoritas; y asignarle por sus servicios el sueldo mensual de cien pesos. Más tarde le nombraron catedrático de Pedagogía en el

Colegio Nacional de Segunda Enseñanza y Profesor de Física y Química y Elementos de Cosmografía en el mismo Centro Educativo.

Don Tomás Estrada Palma se alojó en la casa situada frente a la Familia Guardiola y fue así como comenzó el feliz noviazgo con Genoveva, la bella hija del ex-Presidente de Honduras, General don Santos Guardiola, hasta convertirse en la suntuosa boda que se verificó el 18 de mayo de 1881. El enlace matrimonial de don Tomás Estrada Palma y Genoveva Guardiola constituyó una nota social de grandes contornos, de elegancia y distinción en la ciudad Capital.

VI

EL NUEVO HOGAR

La residencia de la gentil pareja fue la casa de las señoritas Reyes, hoy propiedad de la acaudalada señorita Victoria González Fernández. Fue un hogar feliz, allí nació José Santos, fruto de aquel grande amor. Doña Genoveva supo siempre ocupar su puesto como esposa y como madre, con la prestancia y el refinamiento de la noble familia a la cual pertenecía. Y nimbada con la misma aureola, llegó al solio de Primera Dama de Cuba ya libertada, cuando su esposo se hizo cargo de la Presidencia de aquella República, el 20 de mayo de 1902.

El apóstol José Martí elogia el hogar de los Estrada Palma, con frases lapidarias, que se han inmortalizado en muchos volúmenes y en crónicas vertidas en periódicos de la época martiana.

La maravillosa descripción comienza así:

"Algunas crónicas nos cuentan que José Martí visitó a Central Valley el 28 de junio de 1892, en cuya fecha le tocó asistir a los exámenes de fin de curso del Colegio de don Tomás Estrada Palma, en Nueva York, el cual lo describe así: "Luego de unos días de intensa y callada labor, llegué, junto con Pancho, a Central Valley, sitio rodeado de montes, sobre cuyas mansas curvas o súbitas eminencias corría el cielo. Tomás Estrada Palma, el cubano edificador, levantaba a puro puño, lo mismo que a los hijos, a los discípulos que le venían de los pueblos de América a prepararse para estudiar las profesiones útiles. El que a la vez había dejado el señorío de su hacienda, y el cariño de la madre adorada, por la batalla y el peligro; el que prisionero rehusó entrar en sus bienes porque los amos de su país le exigían para ello el dolor de pasar bajo la bandera de la capitulación; el que, a paso firme, salió de un castillo de España al garrote, al encierro, sin más riqueza que la salud de la mente y el poder del corazón, tenía allí, noble edificio con lago y bosque. Allí en aquel valle, cultivado a mano por cuáqueros e hijos de alemanes, pinta después el cuadro que le ofrecía el colegio en aquella ocasión. Desde la mañanita que salía nublada como nace la libertad, era un encanto la sala del Colegio, donde no hay ni prefecto pedante, ni portero pícaro, sino un aire de gozo como tierna familia. Hace resaltar el espíritu de orden, reposo y libertad que hacía de los sencillos ejercicios, una verdadera fiesta humana. Señala a doña Genoveva Guardiola, la esposa de don Tomás, como la madre de todos los alumnos, la que vela adorada por la salud y la dicha de aquel vasto hogar; la hondureña que ha ligado su vida purísima a la del maestro y ponía a sus hijos los tres colores de la libertad".

Muchos historiadores cubanos han hecho elogios de doña Genoveva Guardiola de Estrada Palma.

VII

DOÑA GENOVEVA PRIMERA DAMA DE CUBA

El 20 de mayo de 1902. Desde hace muchos días la ciudad de La Habana ha venido recibiendo múltiples visitantes, que sienten avidez de presenciar las fiestas anunciadas. Son muchos los que tienen que dormir en los parques, porque los hoteles no dan abasto. El tránsito se hace imposible por las calles. Todas las casas de la ciudad se hallan pletóricas de banderas y de flores. Es la esplendidez de una mañana primaveral, en que la naturaleza se complace con dar magnificencia al acto. La Plaza de Armas está totalmente invadida. En el Palacio de los Antiguos Capitanes Generales no cabe una persona más y se hace difícil la respiración. Son las doce en punto del día. Entre el grito ensordecedor de las sirenas y el grito unánime de la multitud, se arría en el Morro la bandera de las barras y las estrellas y se sustituye por la de la estrella solitaria. Lo mismo se hace con la bandera que ondea sobre el Palacio. A las doce y veinte minutos terminan de jurar, Estrada Palma y Luis Estévez, sus cargos. Verificada la ceremonia, Máximo Gómez se dirige a otro General de la guerra y le dice: "Creo que hemos llegado", a continuación hace lo mismo con las esposas de ambos mandatarios, Genoveva Guardiola y Marta Abreu. Así, radiante de hermosura y aureolada con las virtudes proverbiales de la Mujer Hondureña, entra Genoveva Guardiola de Estrada Palma a ocupar su sitial de Primera Dama de la República de Cuba.

VIII
AMISTAD INVARIABLE

Entre los amigos íntimos de los esposos Estrada Palma, está el matrimonio Estévez y Abreu. Son ellos el Dr. Luis Estévez Romero y Marta Abreu. Marta Abreu es la extraordinaria mujer cubana que no solamente ha sobresalido por su hermosura y por su riqueza. Es la mujer patriota por excelencia, es la que contribuyó denodadamente para el establecimiento de la nueva Nación. En elogio a este distinguido matrimonio, ha dicho Pánfilo Camacho: "Que estaban dispuestos en cuerpo y alma a la noble tarea que se habían impuesto, de agenciar cuanto era preciso en beneficio de la revolución". Más aún, nadie se atreve a poner en duda las constantes y enormes contribuciones que la Villaclareña ha dado para el mantenimiento de una lucha en la que España se jugaba nada menos que el honor nacional. Marta era ya, algo así como la Revolución misma.

Es tan importante el papel que desempeña el ilustre matrimonio en la guerra de Cuba, que Estrada Palma, que es el hombre medido y discreto por excelencia, se complace en reiterarle, tanto en forma privada como oficial, el agradecimiento intenso de los cubanos. Y recuerda las frases de alguien que dice que Marta y Terry son los únicos cubanos que han abierto su caja para auxiliar a la Revolución sin condición alguna. Arístides Agüero, que ejerce funciones diplomáticas en París, expresa a don Tomás Estrada Palma, en carta del 10 de junio de 1877, que de los que han dado dinero, cree que sólo Marta tiene amor a Cuba Libre, pues los otros lo hacen por miedo al fuego y a la revancha. Luego, Marta ayuda a los deportados en los presidios españoles. En seguida se entera de que Estrada Palma sufre estrecheces económicas, mientras él administra miles de pesos y ha hipotecado su casa de Central Valley. Pronto el patricio bayamés recibe una sorpresa. Marta le envía un giro de mil quinientos pesos para que pague la deuda. La carta del envío ha sido bien meditada, para no herir la susceptibilidad de don Tomás. Pero Estrada Palma, en otra carta que sirve de ejemplo, le devuelve el giro, aunque no porque lo crea indigno. Le dice que mientras él pague los intereses de la hipoteca no hay peligro; puede ingresar el dinero a los fondos de la Delegación, lo que él sabe que Marta aprobaría y el giro regresa a París. Entonces Marta se siente aún más satisfecha de prestar su ayuda a los cubanos por mediación del integérrimo patriota.

Cierto día le preguntaron al Generalísimo Máximo Gómez sobre la opinión que él tenía sobre Marta Abreu. El General contestó: "No saben ustedes cuál es el verdadero valor de esta Señora: quien lo sabe es don Tomás; vayan y pregúntenle qué significación patriótica alcanza la ilustre Marta. Si sometiera a una deliberación al Ejército Libertador, el grado que a dama tan generosa habría de corresponder; yo me atrevo a afirmarlo que no hubiera sido difícil, se le asignara el mismo grado que yo ostento". Esta clase de personas eran los amigos íntimos de don Tomás Estrada Palma y de doña Genoveva Guardiola.

IX
HACIA LAS REGIONES DEL MISTERIO EMPRENDEN EL VIAJE SIN RETORNO

Fugaces son los días de la felicidad dejando en el alma algo indescriptible para quienes saben aprisionar la belleza y encanto de cada minuto. Ha pasado la primavera con su esplendidez en la bella isla, y lentamente se ha aproximado el Otoño, con sus días plomizos, sus noches largas y sombrías. En el hogar de los Estrada Palma, hay dolor y tristeza. Doña Genoveva vela noche tras noche, junto a su adorado compañero, y la agonía del gran hombre se hace más intensa. El calendario marca el 4 de noviembre de 1908. Y don Tomás Estrada Palma emprende el viaje hacia las regiones del misterio. Su envoltura carnal es depositada en el Cementerio de la ciudad de Santiago de Cuba, donde se apaga tan luminosa vida. Doña Genoveva no encuentra consuelo a tan deplorable separación. Se radica con su familia en Nueva York. Después de 18 largos años de viudez, muere el 14 de diciembre de 1926. Sus restos son trasladados de la gran urbe del Norte, por el Gobierno de Cuba a la ciudad de Santiago, donde son sepultados con la solemnidad que corresponde a su alto rango.

Tegucigalpa, D. C., diciembre 9 de 1952.

MARÍA TRINIDAD DEL CID.
(IXQUIC)

EL 13 NEGRO (CUENTO)

AL Dr. LUIS ANDRÉS ZÚÑIGA
Preclaro Valor Literario de Comayagüela

"Quise todo jugarlo al trece negro,
cabalístico número fatal".

Hace no muchos años —y de esto ha pasado tan poco tiempo que mi mente puede precisar hasta los días que han transcurrido— que un campesino, aburrido de vivir del trabajo, pensó en buscar fortuna por medio del azar.

Para llevar a cabo su plan, en el mes de febrero compró un décimo de la Lotería Nacional, y de la decepción —cuando se dio cuenta que no había ganado—, en marzo y abril cometió un hurto de gallinas. Pero todos sus intentos eran vanos y la situación no mejoraba. Ni más pobre, ni más rico, como reza el refrán popular. Las monedas, así como entraban, se escapaban del bolsillo...

Cansado ya de protestar y de renegar, un buen día, no se sabe en dónde, escuchó hablar de la Feria de Concepción y de su famosa ruleta.

—¡Eureka! —debió haber exclamado; pero en realidad dijo—: "Caracoles. He descubierto la forma de hacerme rico sin trabajar".

Y como había pasado el mes de marzo, en que cometiera el hurto, desde ese momento se hizo a sí mismo la promesa de cambiar de vida y de economizar y economizar para cuando llegara el mes de diciembre.

Mientras tanto, el Tiempo iba arrancando constantemente las hojas del calendario y en el país muchas cosas extrañas habían sucedido: las cosechas se habían perdido; los precios del Mercado estaban por las nubes; el Ministerio de Caminos había emprendido nuevas obras y se había muerto mucha gente de esa que sale en los periódicos, a las que el buen hombre jamás conoció.

En un abrir y cerrar de ojos, ya tenemos, pues, a nuestro amigo vivito y coleando en el mes de diciembre, listo para jugar a la ruleta en la Feria de Concepción.

Y una noche oscura, como vestido de viuda, llegó a la ciudad con la intención de hacerse rico de la noche a la mañana.

El día 6, nada aconteció que podamos relatar; pero el 7, los pitos anunciaron la apertura de la Feria de Concepción y a nuestro buen amigo casi se le salta el corazón.

Corriendo sacó las cincuenta "bambas" que había economizado después de largas privaciones y, más corriendo que volando, con las monedas que le tintineaban en el fondo de los bolsillos —como a Judas, el que vendiera a Jesús— se llegó frente a las galeras en donde estaban instalados los juegos de azar.

A empujones se abrió paso entre la muchedumbre y acezando, como perro que corre cuando ha visto un "espanto", se mezcló entre un grupo de hombres que se hallaban apostados ante una mesa de juego, entretenidos en el famoso "chivo".

Sobre la mesa tendió el primer peso, o hizo el primer "paro", para hablar en lenguaje tahúr, escupió y calentó los dados y los tiró con aires de gran jugador. Los cuadritos dieron una voltereta graciosa y cayeron en un par de cuatros, que se miraban retadores: ¡había perdido!

Al llegar frente al paño verde extendió las manos sobre las cabezas de los jugadores y entregó veinte pesos al ruletero. El trueque se realizó, las monedas fueron convertidas en veinte fichas rojas como la sangre, ardientes como la ambición misma. Buscó su número favorito: el trece negro y lo cargó con tres fichas.

Cuando los "ruleteros" tiraban la "bola", sus ojos parecían carbones que se habían desprendido del infierno o pedazos de aerolitos que equivocaban el camino del espacio para incendiar la Tierra.

Los ruleteros contaban las fichas y las cambiaban por monedas. Las posturas crecían y se multiplicaban, como recomienda la palabra bíblica.

Y poco a poco fue perdiendo la noción del tiempo. Ahora sus ojos no eran ascuas, sino simples órganos que no tenían un lugar fijo para posarse y giraban y giraban como veletas, al compás de la pelota infame de cuyas revoluciones dependía toda la fortuna.

Su mente estaba como enfebrecida, como embotada. Estaba como enredada en un ovillo, sin pies ni cabeza, sin punta ni cola... De repente tuvo un instante de lucidez y recordó que por la precipitación no había tenido tiempo de visitar a la Virgen de Concepción, ni de echar una mirada a la Escuela de Bellas Artes, o tomarse un famoso fresco de piña en "La Magnolia".

Y entonces, ya tarde, se dio cuenta de su error; pero en la bolsa sólo le quedaban dos lempiras y un poco de valor para largar la mano y marcar de nuevo. Como pudo logró realizar este último gesto. Y en un último arranque de capricho, colocó la apuesta sobre el trece negro.

Las monedas se reclinaron dulcemente sobre el número, una sobre la otra... El ruletero cantó con voz solemne: "¡Afuera manos!" y del pecho de nuestro amigo brotó una plegaria sincera:

—¡EL TRECE NEGRO! —cantó el ruletero— y un ruido seco fue la respuesta.

Los jugadores apenas se volvieron para mirar el bulto que había caído al suelo. Dos policías corrieron a levantar al hombre.

DAISY MINERA DE GUTIÉRREZ
(ARKEL YUSUF)

COMAYAGÜELA

Tierra risueña, jovial,
cariñosa, placentera,
como ninfa quinceañera
en un áureo caracol;
Comayagüela sonríe
opulenta... soñadora...
y por ser buena la adora
el Caballero del Sol.

Prendido de su hermosura,
de su porte majestuoso
que en el donaire garboso
no se puede comparar;
ese cortés soberano
está contento en la aurora,
pero se entristece y llora
cuando ya se va ocultar.

Comayagüela, ciudad
de lumbre y de fantasía,
donde mora la hidalguía
con palaciegos de honor.

Tus hermosas tradiciones,
tus leyendas argentinas,
poseen las peregrinas
romanzas del ruiseñor.

En tu seno consagrado
como alcázar de las flores,
se inspiran los trovadores
bajo palios de tisú.
De ellos sabes muchas cosas,
sus caprichos, sus secretos;
escuchas de Óscar sonetos,
y de mí... ¿qué escuchas tú?...

Como cúpula de un templo
donde castas y devotas,
resuenan dulces las notas
del etéreo "Avemaría";
así me queda la mente
coronada con sus nardos,
cuando escucho de tus bardos
el rielar de su armonía.

Comayagüela, ¡mi bien!
¡Mi fulgurosa presea!
Permite —por Dios— que sea
yo tu nuevo soñador;
porque en ti quiero sembrar
el verso que en mí palpita,
como blanca margarita
que riega a diario el Señor.

Tus románticas mujeres
y tus tardes opalinas,
el verdor de tus colinas,
la grandeza de tu ser;
el azul que hay en tu cielo,
en tus aguas y mañanas,

son las gracias soberanas
de tu encanto de mujer.

Cuando tienes en las noches
la Selene enamorada,
eres sílfide arrullada
por un silfo encantador.
Y cuando están sin estrellas,
lóbregas y pensativas,
tus azucenas esquivas
te aclaran con su blancor.

Y cuando suave se extiende
el blanco chal de brisa,
parece que estás en misa
del inspirado zorzal.
Y se abren a cantarte
como su novia las flores,
y te cuentan sus amores
la chorcha y el pito-real.

Todo en ti se vuelve bueno,
y oloroso como mayo,
porque tienes por vasallo
al optimismo y la fe.
Por trono tienes a Eros,
por corona, la esperanza,
y por cetro la balanza
del trabajo y la honradez.

Comayagüela, ¡sortija!
Ermita siempre barrida,
pasionaria desprendida
de la célica mansión.
Las vernáculas costumbres
de tus fiestas patronales
visten vestiduras reales
por la Virgen Concepción.

Esas fiestas... ¡ah!, esas fiestas
henchidas todas de gozo,
cuando el céfiro oloroso
se viste de colibrí.
Cuando los niños no duermen,
los viejos no sienten frío,
y el joven entre el gentío
besa el labio carmesí.

Estas fiestas, este festejo
que al espíritu lo encanta,
es un pájaro que canta
en el verde carrizal;
es idilio enternecido
de Berenice y Arturo,
es el romance más puro,
más dulce y tradicional.

Comayagüela, ¡perfume!
Apartamiento del sonido,
palacio que fue construido
de vahaje y de marfil.
Pañuelo de seda cruda,
cáliz de la inspiración,
dulce nido, azul copón
de los néctares de abril.

Cuando se viste de blanco
mi dulce Comayagüela,
es una garza que vuela
entre los sauces del río;
es suave como la espuma,
como el ópalo, radiante,
es la estrella rutilante
más clara del pueblo mío.

Y cuando viste de rosa
con pañolón amarillo,
y se pone su cintillo,

su anillo y su prendedor,
teniendo el pie sin sandalia,
la trenza negra, apretada,
con su carita lavada,
ella es la villa mejor.

Villa que en todo lo suyo,
en nobleza y valentía,
en trabajo, en poesía,
en carácter y en honor,
sobre todas sus hermanas
luce la mejor sortija,
y brilla como la hija
más adorada de Dios.

¡Comayagüela! ¡Salud!
¡Salve, india primorosa!
Fúlgida perla preciosa
que haces vibrar el laúd;
conserva tus tradiciones
en tus romances más puros,
y acepta mis claroscuros
preludios de juventud.

Y siempre, ¡oh novia del sol!,
que custodien tu progreso,
la azada, toda embeleso,
la pluma, toda cristal;
y que luego te corone
el porvenir que te auguro,
el aurífico futuro,
¡esplendoroso!... ¡Triunfal!

EDILBERTO R. CARDONA
(EXPEDITO JAVIER)

Comayagüela, D. C., 16 de diciembre de 1952.

PINTOR, PÍNTAME A COMAYAGÜELA

I

Pintor: he venido en pos de ti
y no se te ocurre pensar a qué he venido.
Tú que cantas a la naturaleza con la pintura,
y yo que canto con mi verbo la excelsitud de la misma,
saca los pinceles entre tus manos de artista
y hagamos comunión de verbo y pintura.

II

Píntame, pintor, mi gentil Comayagüela
con un donaire de bonancible sonrisa,
como la sonrisa misteriosa de La Gioconda,
que entre la esplendorosa quietud de la verdura
duerma su profundo sueño de una bella durmiente,
ungida con el bálsamo de los jazmines del cabo.

III

Oye, mi genial artista y compañero,
seguidme con las fibras de tu pincel,
que en un estado de locura

abrir mis brazos quiero y estrecharte toda.

IV

Píntame, maestro, un lienzo sin marco
que no tenga frontera ni límite
y hables con tu pintura todo lo que pienso.
Dadme un hermoso cielo de azul intenso
y derrama sobre mi cuna una incesante
lluvia de estrellas navideñas.

V

Quita el velo, mi señor amable,
y déjame ver, pintor, en tu obra
los secretos que enmudecen el alma;
que en combinación de múltiples colores
vea las vendimias con sus canastos llenos de flores,
de azucenas y lirios, que posarán a los pies de María.

VI

Píntame, maestro, un lienzo sin marco
que no tenga frontera ni límite
y hables con tu pintura todo lo que pienso,
y píntame al compás de una música melodiosa
por ribete de plata el célebre y oriental Choluteca.

VII

No me interrumpas, mi pintor mío,
con tu voz de autorizado maestro.
Tan sólo he dicho: seguidme
con las fibras de tu pincel,
y unidos en un místico paso
caminemos... Caminemos lentamente.

VIII

Quiero el panorama de mi querida cuna
que asome como nido de sensontles
entre el ramaje de sus gravileas y palmeras;
canten y arrullen el vivero de místicos poetas
en la aurora que despunta la mañana.

IX

Quiero que al tibio calor de la mañana
vea bajar desde el Oeste, pletórico de alegría,
un borrico y un lechero que viene a darnos vida,
y al retorno de su humilde hogar
sacuda el caite de los polvos
y se apresure a repartir el pan de cada día.

X

¡Oh artista pintor de inigualado ingenio!
Qué engreído y embelesado estás en mi nota.
Si aún no habéis cansado de seguirme,
píntame, en hora buena, la cuesteña
camino hacia el mercado,
donde San Isidro las espera
en sus negras faldas y blancas camisas.

XI

Pintor que pintas con amor y vehemencia,
píntame mi amada Comayagüela,
donde se levante majestuosa la iglesia de Concepción,
en cuya ternura tantas veces su sombra me acarició
cuando en años infantiles su doctrina me prodigaba.

XII

Píntame, maestro, un lienzo sin marco
que no tenga frontera ni límite
y hables con tu pintura todo lo que pienso,
y píntame un desfile por sus calles
en la noche del silencio, cuando,
al chirrido de las cadenas, marcha
el Nazareno con su rostro pálido y herido.

XIII

Os doy gracias, mi maestro,
que en esta comunión de verbo y pintura
os habré rescatado de tu tiempo un minuto,
y que en ese lienzo de mi inspiración
inunden las maravillas de mi ciudad Comayagüela.

**LUIS DÍAZ RODRÍGUEZ
(RADUHON DEL VALLE)**

ESCUCHA, RÍO (POEMA AL RÍO GRANDE)

Es crepúsculo, hora de dialogar contigo;
se ha aquietado tu espuma como un grupo de lágrimas;
van mis ojos desnudos con la voz de la tarde
a vadear tus orillas con la vieja añoranza.

Quiero que me repitas con los labios del agua
tus andanzas secretas por la oscura montaña,
tus recuerdos que viajan en los rieles del viento
y las ansias dormidas en el cauce de tu alma.

Habla, Río, no calles, que te ampara la sombra...
¿te hace daño el recuerdo? Se entrecierran tus ondas;
la ciudad ya se empina con la luz de diciembre
y tú estás tan callado como un largo sollozo.

No lo digas entonces... En tus piedras mohosas
—esqueleto ya opaco que se aferra en el suelo—
veo al niño primario que eras, cuando dichoso
recogías las faldas minerales del cerro.

Ayudaste a la gente que llegó a tu ribera
a enjuagar los dolores de su carne morena;
a olvidar con tu canto parlanchino y risueño
la palabra y el golpe de los predios del amo.

Reviviste en tus ecos algún grito rebelde;
e invadieron tus aguas los guerreros sedientos
que llegaron cansados a mojar su derrota,
o a sembrar de laureles el erial de la Patria.

Y por fin... dos ciudades en tus márgenes rojas;
dos promesas, dos sueños, dos esfuerzos al tiempo.

Y hasta vino un Maestro a escribir Pastorelas
y los bardos ignotos a olvidar su bohemia.

En tus claros espejos resbalaron risueños
¡cuántos rostros de niño! Juan Ramón el Poeta
recogió en tus raudales su vibrante quimera
y peinó con sus versos tu guedeja esmeralda.

Luis Andrés ha cantado a tu vera en las tardes,
mientras tanto tus olas —terciopelo viandante
que acaricia los brazos incoloros del viento—
enmudecen oyendo los mil ruidos que nacen.

Yo te vi en mi alborada de fantásticos cuentos
como senda de plata; al venir de la escuela,
vi en tus líneas de peces cien hileras de perlas,
alfombrando los pasos de una reina gigante.
Al llegar mis quince años con su barca de sueños,
yo me vi navegando por tu cinta de plata
con vestido de brumas, hacia el bosque encantado,
en los brazos de un rey que surgió de la nada...

Hoy, en este crepúsculo, con la sombra y tus lágrimas
yo te encuentro callado. Mis retinas retratan
tu esqueleto de piedras con el moho del tiempo,
en el hondo silencio de un escuálido anciano.

¡La ciudad en su ascenso resecó tus entrañas!
¡Esos hijos ingratos se han robado tu sangre!
Esas luces ufanas que no alumbran tu cauce,
¡no recuerdan que fuiste una arteria vibrante!...

Sé la pena que sientes... ¡Así son los humanos!...
¡Pero ahí están los árboles y los hijos que te aman!
Ya verás cómo un día tornarán tus oleajes
a cumplir su destino de inmortales viandantes.

Y los ímpetus locos del Invierno triunfante
gritarán a las luces, al bullicio, a los años:

¡Río Grande, te falta fecundar cien ciudades!
¡Dale entera a este suelo: toda, toda tu sangre!...

ELVIA CASTAÑEDA DE MACHADO
(ALMA IRIS)

Comayagüela, D. C., diciembre 14 de 1952.

SU MAJESTAD GLORIA III

REINA DE LA FERIA DE CONCEPCION DE 1952

SALUTACIÓN A SU MAJESTAD GLORIA III

(GLORIA VIDES TURCIOS REINA DE LA FERIA DE
CONCEPCIÓN).

I

Abro yo este saludo que se inmanta
con un mitin de lunas musicales,
diciendo, Majestad, los rosedales
que la emoción anuda en mi garganta,

cuando la voz prospera y se levanta
para expresar tus gracias ancestrales
y que pide el congreso de metales
submarinos del pájaro que canta

para fundar sobre la tinta en vela
nuestra emoción inerme donde vuela
un paraíso de silentes flores.

¡Salve, oh, Gloria III!, que en la umbría
desenfundan su aérea melodía
tan sólo para ti los ruiseñores.

II

Sitiada por la luna, sobrehumana,
derrota a las estrellas tu figura,
que es de la nieve audible arquitectura
y del ensueño viva capitana.

El viento estudia su invisible Diana
y arrodilla a tus plantas su escultura.
En tus ojos se hospeda la dulzura
y erige su rocío la mañana.

Por ti han venido a modelar su aroma

las rosas, en la noche que presides.
Te da la gracia su inasible idioma

y en homenaje de tu nombre estrena
su conmovida nota la azucena,
Capitana del Sueño: ¡Gloria Vides!

DAVID MOYA POSAS hijo.

Comayagüela, D. C., 7 de diciembre de 1952.

SUPERSTICIONES DE PUEBLO DE COMAYAGUELA

De las supersticiones del pueblo de Comayagüela, la más notable se refiere al cerro o colina de Torocagua, altura situada a media legua al sudoeste de la población. Decíase que al pie había una cueva donde habitaba el Diablo, bastando un convenio o pacto con él para hacerse rico. Para esto, había que entrar en medio de tinieblas, donde un gran toro, de ojos de fuego, lamía a los iniciados. Después entraba el solicitante en las fauces de una gran serpiente, colocada tras el toro, y a continuación debía pasarse frente a un enorme sapo de oro, para poder llegar a espaciosos salones donde el Diablo concedía sus dones.

A este propósito dice una señora de esta localidad que allí, en esos salones, se encuentra un millonario de Comayagüela, demoliendo huesos humanos y arrastrando una gran cadena al pie. A pesar de esto, hay tanta escasez de dinero que muchos vecinos de esta población se resolverían a sobrellevar mayores sufrimientos con tal de poseer el capital del empautado millonario.

Para algunos, la cueva de Torocagua llegaba hasta el cerro de San Cristóbal, en la jurisdicción de Danlí. La imaginación del pueblo rodea de misterio y de proporciones colosales a las grutas oscuras que aún no están exploradas. No falta quien crea que esta diabólica cueva pasa por Mansaragua, sitio delicioso de la jurisdicción de Güinope. Torocagua, como otras muchas excavaciones en peña viva, encontradas en el interior del país, no es otra cosa que construcción troglodita de los primitivos habitantes del país.

La creencia de que el Diablo habitaba allí tomó mayores proporciones cuando, muerto Paulino Reyes, propietario de las inmediaciones, desapareció todo el ganado de la mortual. Díjose entonces que, empautado con el Diablo, este había recogido sus intereses tan luego como expiró. También se refiere que Justo Vargas, muchacho como de quince años, fue por disposición de su madre a buscar un caballo por el lado de La Soledad. No habiéndolo encontrado, la señora dispuso que lo sabaneara en Los Terreros, por donde precisamente se entraba a Torocagua. El mozalbete, lejos de dar con el caballo, se encontró con Juan Ramón García, al tiempo que este salía de la cueva en completa desnudez y con una carga de plata al hombro. García se ocupó en contar sus dineros, poniéndolos enseguida al sol porque estaban enmohecidos. Vargas huyó de aquel sitio y fue a referir a su madre cuánto había visto. Espantada la crédula señora, le prohibió que volviera a presentarse en Los Terreros.

EL SIRENO ENAMORADO:

Hay otra leyenda más poética, pero tan extravagante como la anterior. Se dice que una hermosa joven de la familia Gómez tenía por costumbre bañarse diariamente en la poza de El Carrizal, donde un sireno enamorado de ella trató de seducirla. Lo consiguió muy luego y, del fruto de aquel amor, nació una hermosa niña con rostro de mujer y cuerpo de pez. Las habitaciones en tierra la incomodaban sobremanera y pidió que la dejaran vivir en el agua.

Conducida a la poza de El Tabacal, que entonces aún no estaba aterrada, dijo que era muy poco espaciosa para habitación de una sirena; menos pudo permanecer en la quebrada El Puesto y en el pozo de La Crucita, adonde enseguida la llevaron. Entonces pidió que la trasladaran inmediatamente a la laguna de Santa Ana, donde aún vive, siempre alegre y encantadora, dichosa sirena, al lado de su padre, preguntando a los transeúntes si aún quedan descendientes de los Gómez para contener las aguas, pues en cuanto acaben sus parientes ha ofrecido inundar Comayagüela. ¿Envolverá esta leyenda toda una revolución hidrográfica?

LA POZA DE LA CHORRERA:

Existe una superstición relativa a la poza de La Chorrera. Se forma esta con las aguas de La Umbrera, quebrada que recorre La Cuesta y tributa en El Guacerique.

Hay en el fondo de La Chorrera una hermosa piedra blanca en figura de caballo. El que logra sumergirse y montar en ella se convierte al momento en afortunado guerrero, excelente jinete y gran taurómaco. La tentativa de montar en la misteriosa piedra es acompañada de tambores invisibles, cuyos ecos se pierden en las vecinas alturas.

Cerca de La Chorrera existe el sitio llamado La Cofradía, porque allí se encontraba la perteneciente a la Inmaculada Virgen de Concepción. Mario Sosa, el mayordomo del hato, contaba a sus amigos que el ganado del corral pasaba la noche en completa paz sin tratar de salirse cuando la puerta de tranca se amarraba con nudo en forma de cruz, pero que si esto no se hacía, el Duende, favorecido por las sombras de la noche, se deslizaba hasta el corral, sacaba el ganado y lo espantaba. Alarmados, se ponían en pie los campistas; pero harto tarde, porque el Duende iba ya con los ganados a considerable distancia, dando fuertes silbidos desde los vecinos montes.

ALTO CON EL PEROL:

Contaba Ramón Silva que, acertando a pasar por El Rincón Grande, pequeño sitio de El Pedregal, dio con un gran perol que estaba en la puerta de una cueva. Entusiasmado con la importancia del hallazgo, trató de conducirlo a su casa; cuando, para arrastrarlo, ponía en acción todas sus fuerzas, oyó que le palmoteaban gritándole "¡Alto con el perol!". Espantado al escuchar tales voces, ya no pensó sino en retirarse de aquella mansión diabólica.

Unas mujeres que pasaron después por el mismo sitio pretendían confirmar la relación de Silva.

Cuentos del Duende abundan entre nosotros. Este enano formidable, hijo de la imaginación del pueblo, tiene aquí numerosos admiradores. A veces, convertido en amigo de los hombres, ha tratado de infundirles un soplo de sus energías o el secreto de su destreza, de su fuerza y de su astucia.

Uno de sus protegidos fue José María Midence, del Llano del Potrero. Era Midence un valiente campeón, capaz de poner en jaque a un centenar de hombres, tal dicen los viejos.

Si celebraban una boda o novenario, allí estaba él provocando riña; apoderarse de la novia o poner forraje a su caballo en el adoratorio del santo era cosa para él muy común y muy fácil de ejecutar. Era sumamente diestro y, además, invulnerable, en tanto que nadie escapaba de sus mortales golpes. Tal se dice ahora entre algunos crédulos ancianos.

Para conseguir tan brillantes cualidades, tuvo su período de prueba. Prendado el Duende de su valor, trató de tenerle por amigo. Conseguido esto, le habló del propósito que abrigaba de instruirle en sus artes diabólicas. Midence aceptó con entusiasmo.

El Duende llegó, uno de tantos días, a la casa de su amigo, y después de una fuerte copa de aguardiente se dieron a los ejercicios que habían convenido.

Por su orden, Midence se colocó de pie sobre una alta peña contigua a su casa de campo. El Duende cayó sobre él dándole terribles latigazos. El discípulo se retorcía como una culebra, sobrellevando con heroísmo aquel aprendizaje. Suspenso por corto tiempo el ejercicio, reanudaron a poco la tarea, pero entonces Midence escapó con más presteza que un león a los golpes formidables de su maestro y amigo. Desde ese momento Midence fue invencible y superior en la lucha a todos los adalides de la comarca.

Si alguien quiere imitarle, que vaya a los gimnasios del Duende, que saldrá hecho todo un hombre; eso sí, después de soportar los terribles latigazos que marcaron fuego a las carnes de Midence. Bien sabido es que toda gloria tiene que principiar por escalar un sacrificio, y todo aprendizaje un estudio dilatado y doloroso.

(De la Revista del Archivo de la Biblioteca Nacional).

LOS DIAMANTES DE LA BURRERA:
El pasaje que vamos a narrar, aunque es verídico, lo incluimos en nuestra sección "Tradiciones y leyendas", porque es una tomada de pelo verdaderamente sugestiva y que da a conocer la ingenuidad con que muchas veces nos hemos dejado explotar por aventureros sin escrúpulos que, rodeados de un oropel y portando un título efímero, llegan a nuestra hospitalaria Honduras para abusar de nuestra buena fe. Casos como el que narraremos han sucedido muchos. Y si lo dudáis, pregúntaselo a nuestras encopetadas damitas y no menos encopetados caballeros. Pero, a Dios gracias, ya los hondureños hemos abierto los ojos y no es fácil que ahora nos explote así no más cualquier "caballero de industria". Pero vamos al grano:

Hace más o menos cincuenta y tres años se apareció por estas tierras de Dios un tal Dr. Hugo, "caballero" de mucha labia y a quien no pocas damitas y caballeros apellidaron de "simpático". Y el nombre del Dr. Hugo corría de boca en boca; hubo quienes lo rodearan de una leyenda heroica y atractiva. Decían que el doctor de marras era de "por ahí", de un país lejano, es decir, como todos los caballeros de industria, no tenía patria definida. Que en su país era personaje distinguido y hasta se hablaba por allí de ciertos pergaminos desteñidos que atestiguaban un antiguo abolengo. Que estuvo en París allá por el 93, siendo muy joven, y que en las guerras que Víctor Hugo detalla en su Año Terrible, había desempeñado un gran papel.

Es el caso que el Dr. Hugo llegó a hacer creer a varios personajes sobresalientes de Tegucigalpa que en la quebrada de La Burrera existía un gran depósito de diamantes. Y fue tan convincente en sus afirmaciones que, completamente deslumbrados, nuestros paisanos no tuvieron inconveniente en desembolsar ciertas cantidades de dinero para que "el Dr. Hugo" explotara la mina "de las piedras preciosas".

Uno de los consocios de Hugo quiso madrugarle, y fue así que, provisto de unas grandes alforjas, se dirigió a La Burrera mucho antes que la sonrosada aurora anunciara la proximidad del día; pero no por mucho madrugar le amaneció más temprano que al vivaracho de Hugo, pues este, cuando quizá su consocio se dedicaba a explorar la quebrada de La Burrera, ya se dirigía camino del sur con los bolsillos bien repletos gracias a la credulidad de los personajes tegucigalpenses.

En La Burrera no había tal mina. Pero Hugo, hombre conocedor de la ingenuidad de ciertas personas, sí supo encontrarla en los bolsillos de nuestros paisanos.

Una buena tomada de pelo, ¿verdad? Y tenga usted cuidado, pues Honduras suele ser visitada con mucha frecuencia por hugos como el que ha sido motivo de esta ligera narración.

LA BURRERA:

Hemos consultado a varios ancianos vecinos de nuestras aldeas sobre el origen del nombre de "La Burrera", y nos han referido lo que sigue:

Hace mucho, mucho tiempo, Comayagüela fue invadida por una terrible enfermedad a la que los vecinos llamaron "La enfermedad de los burros", muy irónico el nombre, ¿no es así?, porque esta enfermedad solo atacaba a los quinichos (burros). Pero lo sorprendente del caso es que todos los burros que eran atacados por la terrible enfermedad iban a morir al mismo lugar. Quizá estos señores burros habían leído algo relativo a las costumbres de los señores elefantes africanos.

La quebrada que hoy se llama "La Burrera" (a un kilómetro de Los Avisos, carretera del sur) llegó a convertirse en aquel entonces en un verdadero cementerio de burros, a tal grado que las autoridades tuvieron que intervenir, y se ordenó la incineración de los hermanos del hablador pollino de Balaam.

Ese es el origen, caro lector, de la quebrada que ahora lleva el nombre de "La Burrera".

—Palabra, es palabra —contestó el atrevido enamorado—, mi alma en cambio de poder llegar hasta la mujer amada que está esperándome en la otra orilla.

Y el señor Diablo, pues no era otro el susodicho caballero, dio principio al trabajo con una ligereza verdaderamente hábil; y el puente iba surgiendo de la nada de una manera maravillosa. Pero el señor de las tinieblas no había contado con la huéspeda, y en este caso fue el canto agudo y sonante del señor del corral; y cuentan los crédulos que, no bien oyó aquello el señor Diablo, de cabeza se sepultó en las entrañas de la tierra con mula y todo.

El galán, a pesar de todo, no pudo visitar por aquella noche a su novia, porque el Diablo, aunque trabajó de lo duro y como él sabe hacerlo, no tuvo tiempo de terminar la obra; faltaba colocar, cuando cantó el primer gallo, varias piedras para llenar un espacio de varios metros.

¿Y el galán? Pues el galán fue encontrado al siguiente día en completa enajenación mental, tratando de colocar las piedras que faltaban y llamando a grito abierto a su novia.

La leyenda es leyenda, y como tal se cuenta.

GALERÍA DE FOTOGRAFÍAS

Placa de bronce colocada en el propio sitio donde se hallaba la vieja casa estilo colonial, donde nació nuestro excelso Poeta, Calle Real de Comayagüela. La estrella indica el lugar donde está empotrada dicha placa conmemorativa.

238

Secretaria Comercial Señorita GLORIA VIDES TURCIOS

Candidata al Reinado de la Feria de Concepción.
Obtuvo 24.130 votos, declarada Reina de la Feria — 1952

Secretaria Comercial Señorita EUNICE VALERIO HERNANDEZ

Candidata al Reinado de la Feria de Concepción en 1952.
Obtuvo 21 327 votos.   Primera Princesa de la Reina

Profesora y Secretaria Comercial Señorita SONIA BADER NAPKY

Candidata al Reinado de la Feria de Concepción en 1952.
Obtuvo 10.765 votos.   Segunda Princesa de la Reina

Profesora Señorita MERCEDES AVILA MENDOZA

Candidata al Reinado de la Feria de Concepción en 1952.
Obtuvo 2.865 votos.   Dama de Honor de la Reina

Profesora Señorita **ELENA REINA V.**

Candidata al Reinado de la Feria de Concepción en 1952.
Obtuvo 1.620 votos.   Dama de Honor de la Reina

Profesora Señorita **ELENA REINA V.**

Candidata al Reinado de la Feria de Concepción en 1952.
Obtuvo 1.620 votos.   Dama de Honor de la Reina

Fotografía del personal del Concejo del Distrito Central y del
Comité de Festejos de la "Feria de Concepción" de Comayagüela

De derecha a izquierda: Profesor Hernán Castro Coello, Vocal 5º del Comité; Licenciado Florencio Puerto Alvarado, Fiscal del Concejo; Doctor Guillermo E. Durón, Presidente del Comité; Doctor Carlos Lardizábal Romero, Vocal del Concejo; Profesor
Agustín Alonzo, Vocal del Concejo; General Francisco García Vañadares, Presidente
del Concejo; Licenciado Horacio Moya Posas, Vicepresidente del Comité; Profesor Luis
Amílcar Raudales, Vocal 1º del Comité; Coronel Rosalío R. Zavala, Secretario 1º del
Comité, y Licenciado Florentino Alvarez Canales, Secretario del Concejo.

INMACULADA VIRGEN DE CONCEPCION
PATRONA DE COMAYAGÜELA

COMAYAGÜELA EN LA HISTORIA NACIONAL. POR: JUAN RAMÓN ARDÓN

CAPÍTULO I: APUNTAMIENTOS PARA LA HISTORIA DE COMAYAGUELA (AÑOS DE 1830-1886)

(Notas curiosas extractadas por SALVADOR TURCIOS R., del Libro de Apuntes de su abuelo patern10 don GREGO-RIO TURCIOS, y que comprenden del año de 1830 a 1886).

1° "El Retablo de esta Iglesia Parroquial de la Villa de Concepción lo hizo don Miguel Valladares, con sus tres hijos: Francisco, Eustaquio y Simón, y lo hicieron en la casa de mi padre Eugenio Turcios, en el año de 1828.

Nota: La casa de don Eugenio Turcios, la célebre CASA DE TRANCAS, ocupaba toda la manzana que queda al sur de donde se encuentra actualmente el establecimiento "La Magnolia".

2° "El año de 1872 se hizo la campana grande de esta Parroquia, siendo Alcalde don Luis Velásquez, y sirvió para repicar al tomar posesión el Alcalde entrante, antes de subirla al campanario".

3° "El año de 1875 regaló don Rafael Villafranca a este pueblo la Virgen de Concepción que está colocada de Patrona, siendo Alcalde Municipal don José Domingo Maradiaga".

Nota: La antigua Imagen de la Concepción siempre se conserva en el mismo templo.

4° "El veintiuno de agosto de 1883 entraron aquí, pasando por la Calle Real, las estatuas del General Capitán don Francisco Morazán, la del Presbítero José Trinidad Reyes, la del Licenciado don José Cecilio del Valle, la del General Trinidad Cabañas y la de la Diosa de la Libertad, y las condujo en veinte carretas el señor Máximo Canales, ganando 800 pesos, y de Pespire a aquí llegaron en diecisiete días".

Nota: La estatua de La Libertad es la que aparece en el centro del parque de este nombre, en esta ciudad.

5° "El Presbítero don Trinidad Maradiaga cantó su primera misa en la Parroquia de esta Villa de Concepción el 25 de diciembre de 1870, y el 22 de febrero siguiente celebró el día de Ceniza y salió de Coadjutor para El Corpus, en el año de 1871.

Nota: El Presbítero Maradiaga descendía de una de las honorables familias más antiguas de Comayagüela, y se distinguió por su ilustración y virtudes de fiel discípulo de Cristo. Está sepultado en la

Iglesia Parroquial de esta ciudad, la cual administró honradamente durante muchos años, hasta su fallecimiento ocurrido en el año de 1904.

6° "El señor Licenciado don Valentín Durón murió el 5 de noviembre del año de 1874, a las diez de la noche".

Nota: El Licenciado Durón fue de los ciudadanos de Comayagüela que, en su época, contribuyó positivamente al progreso moral, intelectual y material de esta ciudad, y por eso se le recuerda con cariño y admiración.

Sostuvo un colegio en su casa de habitación, llamado Colegio del Corazón de María, en donde se educaron o recibieron sus primeras lecciones muchos de nuestros padres.

Sus restos mortales descansan en nuestra Iglesia Parroquial.

7° "El año de 1839 fue el fuego (combate) de La Soledad, situado a inmediaciones de Comayagüela, como a medio kilómetro por el rumbo suroeste, el día 13 de noviembre, y fue derrotado el General olanchano don José María Zelaya, llevando mil hombres, y el General Cabañas lo derrotó con trescientos texíguats".

Nota: El combate de La Soledad, que el 13 de noviembre del presente año (1950) cumplió ciento once años de haberse efectuado, fue muy sangriento según lo expresa don José Antonio Vijil en sus Memorias, pues él tomó parte en dicha acción de armas siendo muy joven, como ayudante del Jefe del Estado Mayor de la División del General Cabañas. Principió el combate a las ocho de la mañana y terminó a las once, dejando un saldo de 112 muertos y más de 15 heridos de ambas partes combatientes. Comenzó desde la Quebrada Arriba por las lomas y colinas adyacentes a las quebradas de Mayangle y La Umbrera, por la base de la colina de Torocagua, terminando en el llano que ahora ocupa la casa llamada Belén, que es de la sucesión de Monseñor Ernesto Fiallos, y en donde también se encuentra el Country Club.

8° "El 18 de marzo de 1859 murió don Pablo Maradiaga a la una y siete minutos de la tarde, segundo viernes de Calvario. Falleció un hombre enteramente honrado, de una conciencia muy cristiana, pues fue un padre para todo este pueblo, para defenderlo; tal fue que, a la hora que ya estaba para salir de esta vida, mandó a llamar al Licenciado don Valentín Durón, para recomendarle su familia, y, en todo caso, le dijo que viera con lástima a todo el pueblo".

Nota: Don Pablo Maradiaga fue el tronco de la honorable familia de este nombre, de Comayagüela, y no obstante haber sido un humilde hijo del pueblo, fue varias veces Magistrado de la Corte Suprema de Justicia.

9° "El año 35 fue el polvo, el 20 de enero. A las dos de la tarde se oscureció la luz del día, al grado de quedar en tinieblas, en el Cerro de Hule, que allí se encontraba el que esto escribe; y, para el lado de Tegucigalpa, quedó solo turbio durante tres días, al cabo de los cuales cayó un aguacero que llegó hasta Trujillo, lo mismo que el polvo. Esta razón la dio un correo que estaba allá y que era de esta Villa; y este aguacero fue el que limpió el polvo que arrojó el volcán Cosigüina, el 20 de enero de 1835".

Nota: Este fenómeno volcánico produjo gran consternación entre los habitantes de Tegucigalpa y Comayagüela, pues muchos creían que era el Juicio Final, y solo pudieron tranquilizarse, en parte, cuando el sabio Presbítero Dr. José Trinidad Reyes les explicó que se trataba de la erupción de un volcán.

10° "El señor Presbítero Dr. don José Trinidad Reyes fue hijo legítimo y primogénito del señor don Felipe Santiago Reyes y de doña María Francisca Sevilla, personas tan honradas como virtuosas. Nació en esta ciudad de Tegucigalpa el 11 de junio del año de 1797, día domingo de la Santísima Trinidad, a las cinco de la tarde. Fue bautizado a la hora de vísperas del Corpus Christi, día 14 del mismo mes, en la Iglesia Parroquial por el Reverendo Padre Fray Nicolás Hermosilla, quien le dio el nombre de Juan José Sahagún de la Santísima Trinidad. Fue fraile de la Recolección; y falleció llevando el hábito de San Pedro, el 20 de septiembre del presente año (1855), día jueves, a las diez de la mañana, a los 58 años, tres meses, nueve días y cinco horas de edad".

"La vida de este varón santo y sublime, digno apóstol del Altísimo, fue modelo perfecto de todas las virtudes; cumplió con todos sus deberes con la más plena exactitud, y ni el poderoso ni el indigente, el santo ni el ignorante, se quejaron jamás de la más pequeña falta. Por tan eminentes méritos, no dudamos que gozará de un distinguido y elevado asiento en las mansiones celestiales.

Recibid, ¡oh Reyes!, nuestros tiernos recuerdos; y desde los cielos en donde habitas, dirige una mirada compasiva a vuestros hijos".

11° "El fuego (combate) del Llano del Potrero fue el año de 1840. El 30 de enero derrotó el General Manuel Quijano, con mil hombres, al General don Trinidad Cabañas, que mandaba trescientos hombres".

Nota: En esta ocasión se libró de ser capturado el Benemérito General Cabañas, dando con su cabalgadura el célebre Salto de Cabañas, en el lugar conocido con este nombre, al sur del Llano del Potrero. Este sitio está a poco más o menos una legua de distancia de Comayagüela, por el rumbo sur, y a inmediaciones de la casa que fue de propiedad de don Concepción Godoy, hoy perteneciente a sus sucesores.

El Llano del Potrero constituye ahora, en toda su extensión, el Campo Nacional de Aviación, conocido con el nombre de El Toncontín.

12° "El año de 1845 se hizo el calicanto de La Laguna de El Pedregal, siendo Alcalde 1° el señor José María Juánez; Alcalde 2° don Juan Zúniga; y el que estas líneas escribe era Regidor 3°".

Nota: La Laguna de El Pedregal queda a dos leguas, poco más o menos, al poniente de Comayagüela; es un lugar pintoresco, y se recuerda porque allí hacía sus temporadas el Padre José Trinidad Reyes, con numerosos vecinos de Comayagüela y Tegucigalpa, y se representaban al aire libre las añoradas Pastorelas y los célebres Cuandos del Virgilio hondureño. Hoy la Laguna de El Pedregal se encuentra en completo olvido.

13° "El año de 1881 se arregló la calle tercera que va al atrio de la Iglesia de esta ciudad, siendo Alcalde Miguel Cortés; Regidor 1° Chico Verde; Regidor 2° don Gregorio Hernández; Regidor 3° José María Andino; y Síndico Felipe Valle.

Ese mismo año se puso el alumbrado en las calles (de faroles)".

Nota: Don Miguel Cortés, que era militar y nativo de Comayagüela, fue uno de los tres ciudadanos que fueron fusilados juntamente con el General Emilio Delgado, en Comayagua, el 18 de octubre de 1886.

14° "El año de 1882 se empedró la calle de la Ceiba, siendo Alcalde don Pedro Rafael Reconco; Regidor 1° don Jorge Ramírez; Regidor 2° don Crisanto Canizales; Regidor 3° don Leandro Martínez; y Síndico don Pablo Maradiaga (hijo).

En el mismo año comenzaron los trabajos de la apertura del camino carretero de Guacerique, dirigidos por dos ingenieros extranjeros".

Nota: La calle de La Ceiba era la parte de la cuarta calle comprendida entre la tercera avenida y la margen del Río Grande, en donde se levantaba una hermosa ceiba que cortó el hacha de la civilización, según se dijo cuando fue derribada, y que tan bello aspecto daba a nuestro río aledaño.

15° "El año de 1871 se hizo la Ermita del Señor de Esquipulas del Cerro Grande, a esfuerzos de los dueños de la Imagen que eran mis tíos José León, Teresa, Silveria, mi padre Eugenio Turcios, mi tía Remigia y de varios otros vecinos hasta del Río Abajo".

Nota: Al Señor de Esquipulas del Cerro Grande se le celebra todos los años su fiesta tradicional, que principia el 12 de enero y dura hasta seis días.

Esta devoción la siguen, en su mayor parte, los miembros de la familia Turcios de Tegucigalpa y de Comayagüela.

La Ermita de referencia ha sido reconstruida en años posteriores y es cuidada por los vecinos del Cerro Grande.

16° "El año de 1881 se midieron las tierras de San Matías que dio el Gobierno en pago de las tierras de la comunidad del Río Grande; y Miguel Cortés fue como Alcalde a dichas medidas, a fines de noviembre de dicho año".

Nota: San Matías es ahora una aldea pintoresca y de gran porvenir que está como a tres o cuatro leguas al poniente de Comayagüela. Sus habitantes son trabajadores y honrados, a lo que se debe que los hechos de sangre se ven muy poco en aquel lugar.

Cuenta con una escuela mixta que subvencionaba la Municipalidad, y tiene además una ermita.

El clima de San Matías es tan saludable como el de El Sauce, en la carretera del sur.

17° "El año de 1843 se hicieron las tapias del Cabildo, la esquina, el salón y un calabozo, siendo Alcalde Tata Joaquín Gómez. Las dos piezas del lado poniente se hicieron el año de 1872, siendo Alcalde 1° don Luis Velásquez".

Nota: Ya en 1762 existía el Cabildo de indios de Comayagüela, y ocupaba el lugar en donde está la casa que fue de don Samuel S. Valladares, ahora ocupada por el establecimiento llamado La Biela, al oriente del nuevo Cabildo, calle de por medio. Era de corta extensión y tenía paredes de adobe con techo de paja. Más que un edificio de mediana importancia, era un modesto rancho, al estilo indígena (Navarro, Inés).

El nuevo Cabildo fue transformado en la administración del Dr. Francisco Bertrand, siendo Alcalde Municipal don Francisco Valladares L., en los años de 1915 y 1916.

18° "El año de 1844 fue sembrada la Ceiba Grande, por orden de don Liberato Moncada, quien, siendo Jefe Político, vino de paseo a donde el señor don Pablo Maradiaga, y la vio sembrada en un corral, y la había traído el señor Maradiaga del pueblo de El Viejo (Nicaragua); se la pidió y, como Jefe Superior, le dijo al Alcalde Maradiaga: 'Mañana mismo me manda a hacer un cerquito para pasar esta ceiba'. El Alcalde era Luis Velásquez y Regidor 5° el que esto escribe".

Nota: La Ceiba Grande estaba en la margen de nuestro Río Grande, frente a la poza de El Carrizal, ya desaparecida, a la terminación de la sexta calle, y fue derribada dicha ceiba hace muchos años, porque entonces, sin duda, no se le rendía culto oficial al árbol entre nosotros.

19° "El Padre Samuel Escobar nació en la ciudad de Tegucigalpa, el 23 de enero de 1835, y fue bautizado por el Presbítero Dr. José Trinidad Reyes, en la Iglesia Parroquial. Su madrina fue la señorita Juana Midence, y cantó su primera misa el 2 de febrero de 1859, y enseguida se hizo cargo de la coadjutoría de la Parroquia hasta su fallecimiento ocurrido el día 25 de mayo de 1867, a la edad de 32 años, a las once de la noche".

20° "La Estatua de La Libertad de esta Villa de Concepción fue puesta el 14 de abril del año de 1883, día sábado".

Nota: Esta estatua, juntamente con las de Morazán, Cabañas, Valle y la de Reyes, fueron pedidas al exterior por el gobierno que presidió el Dr. Marco A. Soto.

21° "El Presbítero don José Trinidad Maradiaga cantó su primera misa en la Iglesia Parroquial de esta Villa de Concepción el 25 de diciembre de 1870, y el 22 de febrero del año siguiente celebró el día de Ceniza y salió de Coadjutor para El Corpus, el año de 1871.

El 5 de abril del año de 1886 salió de aquí para Aguanqueterique el señor Presbítero don Trinidad Maradiaga, a hacerse cargo del curato de aquel lugar".

Nota: En este punto se encontraba nuestro recordado Padre Maradiaga cuando fue elevada a la categoría de Parroquia nuestra Santa Iglesia, el año de 1893, habiendo sido trasladado a esta su ciudad natal como nuestro primer cura párroco, en cuyo puesto estuvo hasta su sentido fallecimiento, ocurrido el 18 de julio de 1904, y fue sepultado en nuestra iglesia.

22° "El Cólera Morbus fue el año de 1836, y volvió a acometer el año de 1837, allá por los pueblos de Reitoca, Curarén y otros".

Nota: Fue entonces cuando murieron muchas personas estimables de esta localidad y de Tegucigalpa, entre ellas don Antonio Tranquilino de la Rosa y su hijo don León Rosa; y fue entonces también cuando se habilitó la parte norte del Cementerio del Calvario de Tegucigalpa, conocida entonces con el nombre de El Matazano, para enterrar a los colerientos.

23° "El año de 1883 se suicidó el Dr. y poeta don Manuel Molina Vijil, el día 9 de marzo, viernes, a las 7 de la mañana".

Nota: El Dr. Molina Vijil fue uno de los buenos intelectuales hondureños que lucieron su ingenio en los días de oro de la administración del Dr. Marco Aurelio Soto, y su prematura muerte fue muy sentida en toda la República.

24° "El año de 1885 se recibió de abogado don Rómulo E. Durón, el 14 de junio, día domingo, a las nueve de la mañana".

Nota: El Dr. Rómulo E. Durón fue nativo de esta ciudad de Comayagüela; fue Ministro de Estado, Magistrado de la Corte Suprema de Justicia, Juez de Letras y, sobre todo, una de las altas mentalidades que honran el nombre de Honduras. Fue un ferviente amante de la cultura nacional, como lo justifican las numerosas obras históricas y literarias que publicó.

Falleció en el Hospital Viera de Tegucigalpa, el 13 de agosto en la noche de 1942.

25° "El año de 1883 se inauguró de Presidente, el 30 de noviembre, el General don Luis Bográn. A las once del día recibió el poder, y de allí pasaron con todo el Congreso a la plaza de la Parroquia, a inaugurar la estatua del General Morazán, pasando a continuación a la plaza del Convento (San Francisco), para inaugurar la del señor Licenciado don José Cecilio del Valle, y después a la plaza de La Merced, a inaugurar la del Padre Reyes y del General Cabañas; todo esto se hizo con grandes y elocuentes discursos".

26° "El año de 1881 se principió a darle cumplimiento a la Ley del Matrimonio Civil, siendo Alcalde Municipal de esta población don Miguel Cortés".

Nota: Este es el mismo ciudadano de Comayagüela que, como dijimos anteriormente, fue fusilado en Comayagua juntamente con el

General Emilio Delgado y demás compañeros que se indicaron oportunamente.

27° "El año de 1832 salió la moneda de cobre y existió en circulación en el Estado 38 años; y la moneda de níquel fue puesta en circulación el año de 1870, el 16 de marzo, y, a los nueve meses, que fue el 16 de diciembre, quitaron el níquel y quedó la moneda de plata mezclada con el cobre coquimbo".

28° "El 4 de junio de 1879 murió Guillermo Carías, día miércoles, a las 5 de la mañana, en casa del señor Patricio Varela, en el Barrio Abajo, y murió de 64 años de edad".

Nota: Don Guillermo Carías fue el abuelo materno del señor Canónigo don Basilio Gómez, miembro distinguido del clero hondureño.

29° "El año de 1878 se recibió de abogado el Licenciado Camilo Turcios Durón, el día 6 de agosto, día miércoles, y se celebró con un alegre baile".

Nota: El Licenciado Camilo Turcios Durón fue hijo natural de doña Gregoria Turcios y del Licenciado Valentín Durón.

30° "El 12 del mismo mes de agosto de 1878 se recibió de abogado el Licenciado don Antonio R. Reina, y se festejó con otro baile".

Nota: El Licenciado don Antonio R. Reina fue el padre de la honorable familia Reina de esta ciudad, entre cuyos nombres figura el Licenciado Antonio R. Reina (hijo).

31° "El año de 1878 fueron fusilados los Generales don José María Medina y don Ezequiel Marín, en la ciudad de Santa Rosa de Copán, a las ocho de la mañana del día 8 de febrero y por orden del Gobierno de Soto".

Nota: Este fusilamiento se llevó a efecto en virtud de sentencia dictada por un Consejo de Guerra de oficiales generales.

32° "El año de 1883 murió el General don Enrique Gutiérrez, el 11 de septiembre, a quien había dejado el Presidente Soto y a otros tres encargados del Gobierno: esto es, Gutiérrez, el Lic. Rafael Alvarado Manzano y el General don Luis Bográn, quienes ejercían el mando de la Presidencia interinamente, y murió el General Gutiérrez un día martes, después de las 4 de la tarde y como de 60 años de edad".

Nota: El General don Enrique Gutiérrez fue hijo legítimo del héroe de Jaitique, Coronel don José María Gutiérrez, y de doña Margarita Lozano.

33° "El año de 1882 fue cercado el sitio de El Pedregal, de este municipio, siendo Alcalde Municipal mi compadre Pedro R. Reconco, y fue cercado voluntariamente, sin ser obligados los vecinos por la respectiva autoridad".

34° "El puente de Guacerique se comenzó a hacer el año de 1862, según un decreto que dio el Gobierno del Presidente General José María Medina, lo mismo que otro puente en el paso del Río Humuya, en Comayagua".

35° "El año de 1871 fue la facción de García, que vino con 300 hombres curarenes, y fueron derrotados por los patriotas de Tegucigalpa y de esta Villa de Concepción, el 20 de noviembre.

El año de 1872, el 30 de julio, volvió a cometer la misma facción y fueron nuevamente derrotados por los mismos patriotas de ambas poblaciones".

36° "El año de 1877 puso el telégrafo en esta República el Presidente Dr. Marco Aurelio Soto, siendo su Ministro General el Dr. Ramón Rosa. Este mismo Gobierno hizo la calle de Camaguara y terminó la construcción del puente Guacerique".

37° "El 2 de marzo de 1879 se enajenó el terreno de La Chivera, para que los de Tegucigalpa hicieran su cementerio; pero esto fue sin el gusto de la Municipalidad, que se abstuvo de vender, pero fue Luis Velásquez el del empeño hasta decirles que viniera la orden directamente del Gobierno, que debían entregar el terreno".

Nota: Ahora las dos Municipalidades, la de Comayagüela (antes de que fuera suprimida dictatorialmente) y la de Tegucigalpa, tienen igual derecho en el cementerio nuevo construido al lado norte del antiguo.

38° "El año de 1884, el 28 de abril, murió el maestro don Luis Velásquez, día lunes, a las 10 de la mañana, de la edad de 77 años, y fue enterrado en el cementerio de La Chivera".

Nota: El maestro don Luis Velásquez, que por muchos años fue una especie de oráculo para los vecinos de Comayagüela, fue un modesto albañil que logró sobresalir a fuerza de trabajo, honradez y constancia, habiendo principiado a figurar en los asuntos locales de esta ciudad desde el año de 1834 como Alcalde 2°, y después como Alcalde 1° en los siguientes años: 1839, 1844, 1850, 1855, 1858,

1861, 1868, 1872 y en 1876 como Regidor 3°. Fue, pues, ocho veces Alcalde primero.

Debemos recordar con cariño y admiración al maestro don Luis Velásquez, porque fue uno de los hombres laboriosos y honrados que trabajaron positivamente por el progreso moral y material de esta querida ciudad de Comayagüela.

39° "El 1° de abril de 1883 se hizo la bendición del Hospital General por el señor Cura don Yanuario Girón, día domingo, a las 4 de la tarde, y el siguiente día se celebró misa en el oratorio de dicho hospital".

Nota: Para la construcción del antiguo Hospital General contribuyó mucho la Sociedad de Señoras Católicas, tanto de Tegucigalpa como de Comayagüela. Esta sociedad tuvo sus estatutos y, según parece, fue reconocida su personería jurídica.

40° "El año de 1884 se hizo el trazo de la obra del mercado de esta población, por el señor don Emilio Montes, siendo Alcalde Crisanto Canizales; Regidor 1°, Pablo Maradiaga; Regidor 2°, Ramón López; Regidor 3°, Chico Verde; y Síndico, Andrés Bucardo. Gracia fue esta que el Gobierno de don Luis Bográn quiso hacerle a esta Villa de Concepción".

Nota: Para la construcción del primer mercado de esta ciudad, el año de 1888, hubo serias dificultades entre Comayagüela y las autoridades superiores de Tegucigalpa, al grado de que la Municipalidad de esta ciudad tuvo que protestar enérgicamente ante el Poder Ejecutivo por la actitud hostil que en tal sentido había asumido el Comandante de Armas y Gobernador Político del Departamento, en aquella época, General Longino Sánchez.

Esa protesta fue hecha por el Síndico Municipal, el honrado y enérgico ciudadano de Comayagüela don Carlos A. Sosa, el mismo que fue fusilado por orden del General Domingo Vásquez en el atrio de la Iglesia Parroquial de esta ciudad, juntamente con otros 17 ciudadanos hondureños, durante la infausta guerra civil del aciago año de 1893.

41° "El Presbítero don José Simón de Zelaya, hijo de Tegucigalpa, pertenecía a una de las familias más distinguidas de la ciudad; nació a principios del siglo pasado (XVIII), siendo sus padres don José de Zelaya y doña Luisa Herrera, y sus hermanos don Pedro Mártir de Zelaya y doña Mariana de Zelaya. Fue educado en Guatemala, habiendo sido nombrado cura en propiedad de esta Parroquia

(Tegucigalpa) el año de 1742, comenzando su administración el 24 de diciembre del indicado año de 1742.

Ocurrió la desgracia de que se quemara la antigua iglesia que estaba situada en donde hoy existe la casa de los Bonilla, después de los Fortín.

El arquitecto de esta gran obra (la actual Catedral) fue el señor don Gregorio Nacianseno Quiroz. El Presbítero Zelaya construyó su casa para cuidar los trabajos de la nueva iglesia, en el lugar en donde hoy se encuentra la casa del finado don Camilo Díaz (hoy de la sucesión de Santos Soto).

Los fondos con los cuales se construyó esta obra fueron, en primer lugar, el capital de los padres del señor cura Zelaya, consistente en muchas y gruesas haciendas de ganado y bestias que poseían en muchos lugares de la República, especialmente en los departamentos de Choluteca y Olancho, y minas muy ricas.

El 7 de noviembre de 1775 fue atacado el Presbítero Zelaya de la enfermedad que lo llevó a la tumba, y murió el 12 de diciembre del expresado año.

Otro hijo de Tegucigalpa, el cura don Juan Francisco Márquez, concluyó la obra el año de 1782, a los siete años de muerto el cura Zelaya, quien fue enterrado en el Templo de La Concepción, en donde existe ahora la casa de don Pío Uclés, hoy Museo Nacional; y de allí fueron sacados los restos para depositarlos en la Parroquia, en el sitio donde se encuentra el retrato del cura Zelaya, que ahora ha sido retirado de aquel lugar.

Las imágenes de dicho templo costaron 12,000 pesos; el púlpito costó 500 pesos, fuera del dorado, y dejó una casa con 8,000 pesos en marcos de plata, otra con 500 marcos más y en moneda 11,000 pesos.

Este templo se bendijo el 29 de septiembre de 1782 por el Ilustrísimo señor Obispo don Antonio de San Miguel.

Para misas, para bien de su alma, dejó el Presbítero Zelaya 2,000 pesos; para los señores pobres, 1,000 pesos; para la Capellanía, el valor de su casa; en mulas, 8,000 de servicio y 6,000 yeguas; de ganado no se puede dar noticia, tan grande era la cantidad que poseía.

Después de la bendición del templo, el 29 de septiembre del citado año de 1782, el día 30, fueron trasladados los restos de esta gran persona (Zelaya) a donde descansan en la Santa Iglesia Catedral".

Nota: Este apuntamiento tiene bastante interés para la historia de Comayagüela, por cuanto nuestra iglesia fue filial de la de

Tegucigalpa, hasta que fue elevada a la categoría de Parroquia, según aparece en el acuerdo diocesano N° 24 de fecha 30 de octubre de 1893, dictado por el Ilustrísimo señor Obispo Dr. don Manuel Francisco Vélez, en su residencia episcopal de Siguatepeque.

Por ese acuerdo, nuestra Parroquia de Comayagüela comprende las siguientes filiales: Las Casitas, Cerro Grande, Támara, Santa Cruz, La Cuesta, El Carrizal, La Soledad, Río Grande, Mateo y Yaguacire.

42° CASA DE LA CALLE REAL. — "El año de 1855 hice mi casa, es decir, el artesón, y lo hizo el maestro Ricardo Sosa con sus dos hijos".

Nota: Esta casa de habitación que construyó don Gregorio Turcios, en la Calle Real, el año de 1855, ya cumplió un siglo y está a punto de desaparecer para edificar en su lugar un edificio moderno, y su ubicación se encuentra entre la 2° y 3° avenidas, y cuarta y quinta calles transversales, y ocupa la esquina noreste de la misma manzana en la que se encuentran las casas en las que nacieron Juan Ramón Molina, Alonso A. Brito, Rafael Heliodoro Valle y Salvador Turcios R.

En esa misma casa vivió y falleció con su familia el autor de los Apuntamientos para la Historia de Comayagüela y de otras interesantes informaciones relacionadas con la vida política y social de esta nuestra amada ciudad natal, que comprenden más de un siglo de su existencia.

Don Gregorio Turcios falleció el 12 de diciembre de 1886, a la edad de 73 años.

43° "El año de 1857 vino el santo misionero señor don Manuel de Subirana, quien falleció años después a inmediaciones de Yojoa, habiendo sido enterrado en el templo de la ciudad de Yoro".

Nota: Todavía se recuerda entre las gentes ancianas de esta ciudad y de Tegucigalpa los muchos ejemplos maravillosos de la santidad del misionero señor Subirana, de que dio testimonio a su paso por esta localidad, al grado de que se le consideraba como un enviado de Dios a conquistar almas en estas apartadas regiones de la tierra. El señor misionero Subirana permaneció durante mucho tiempo catequizando a los xicaques y payas del departamento de Yoro, y era de origen español, un verdadero civilizador de nuestra tierra en aquella lejana época.

44° "El señor cura don José Simón de Zelaya administró la Parroquia de Tegucigalpa durante 33 años, hasta su fallecimiento en 1775.

Cuando los temblores del año de 1809 se quebró este templo, que apenas había servido 27 años, siendo cura párroco don Juan Francisco Márquez, hijo de Tegucigalpa, el mismo que acabó de construir la parroquia. También el Padre Márquez levantó el templo de Los Dolores y comenzó su curato el 1° de mayo de 1781, y sirvió de cura 33 años y 8 meses, y murió el 15 de enero de 1815".

Nota: La Iglesia Parroquial de Tegucigalpa estuvo abandonada durante 29 años como consecuencia del temblor de 1809, hasta su primera reparación, que fue el año de 1838, siendo entonces el cura párroco el Presbítero J. Trinidad Estrada.

45° "El 20 de abril del año de 1885 falleció el señor Obispo Fray Juan de Jesús Zepeda y Zepeda. Era nativo del mineral de San Antonio de Oriente y falleció en la ciudad de Comayagua, día lunes, y como de 80 años de edad, poco más o menos".

Nota: Al señor Zepeda sucedió en el Obispado, años después, el muy ilustre Dr. don Manuel Francisco Vélez, de grata recordación para la ciencia y la Iglesia hondureña, por haber sido él uno de los verdaderos organizadores del Episcopado Nacional.

46° "El año de 1886, siendo Alcalde Municipal don Pablo Maradiaga; Regidor 1°, Ezequiel Reconco; Regidor 2°, Olayo Sosa; Regidor 3°, Máximo García; Síndico, Ramón López; el Gobierno de Bográn desconoció a este pueblo, por la fuga que hicieron de aquí Purificación Velásquez, Miguel Cortés, Tranquilino Velásquez, Gabriel Lozano, Pedro Rafael Reconco; y por la fuga de estos señores le informaron al Gobierno que medio pueblo se había ido con ellos para la República de Nicaragua, y, en castigo de esta acusación, le hizo saber la autoridad superior a la Municipalidad que, si dentro de cuatro días no le daba reunido al pueblo, lo hacía barrio de Tegucigalpa; y habiéndose reunido el pueblo, se persuadió el Gobierno que tal informe no era cierto y mandó que se asentara un acta desconociendo a los individuos que se habían fugado".

47° "El 7 de enero de 1886 se fueron de aquí para Nicaragua Purificación Velásquez, Miguel Cortés, Pedro Rafael Reconco, Gabriel Lozano y dos individuos más, con el fin de agregarse a las fuerzas del Dr. Marco Aurelio Soto, que decían venía con tropas sobre Honduras, y hasta el 3 de agosto salió de Nicaragua el General Emilio

Delgado, el Coronel Manuel Morey, el Coronel Silvestre Herradora y otros dos más de los jefes más distinguidos de entonces, y desde que entraron a Honduras, fueron perseguidos (por las fuerzas del Gobierno) por Morolica, Güinope, Armenia, Ojojona, La Yerba Buena, Santiponce, el Valle de Comayagua. En el pueblo de Lamaní los hallaron y tuvieron cinco horas de fuego, en el cual murieron Purificación y Tranquilino Velásquez, su hijo, cuya acción fue el 18 de agosto del mismo año, y el mismo 18 de agosto hicieron reo a Gabriel Lozano, aquí, en el tapial de don Cipriano Velásquez.

Purificación y los que murieron allá en aquel combate los ardieron (fueron quemados), y al otro día, que fue el 19, murió Morey en otro fuego que tuvieron allá por Aguanqueterique, e hicieron reo al Coronel Sebastián Sevilla; y el 27 de agosto fueron hechos prisioneros en San Antonio del Norte el General Emilio Delgado, Miguel Cortés y otros más, que fueron remitidos para La Paz; y el 1° de septiembre salieron de aquí los reos de la misma causa para La Paz a juzgarlos allá, y hasta el 18 de octubre de 1886 fueron fusilados, día lunes, a las 7 de la mañana, en Comayagua, el General Emilio Delgado, Miguel Cortés, Gabriel Lozano, Indalecio García, de San Antonio de Oriente, y los otros reos los trajeron para los calabozos de aquí, sentenciados a diez años de prisión, y entraron a esta población el 20 del mismo mes, jueves, a las cinco de la tarde".

Nota: Así terminó el movimiento revolucionario que le hizo el General Emilio Delgado al Gobierno del General Luis Bográn.

El tapial de don Cipriano Velásquez, en donde fue capturado Gabriel Lozano, pertenece ahora a los herederos Velásquez, y está situado entre la tercera y cuarta avenida, y la quinta y sexta calle de esta ciudad.

Se conocía entonces entre la gente del pueblo con el nombre de "Tapial de los Mangos", porque hubo en dicho predio numerosos palos de mango.

48° "El 5 de abril de 1886 salió para Aguanqueterique el señor Presbítero don José Trinidad Maradiaga, a hacerse cargo del curato de aquel lugar".

Nota: En ese puesto se encontraba nuestro recordado Padre Maradiaga cuando fue elevada a Parroquia nuestra Iglesia, en 1893, habiendo sido trasladado de aquel lugar a esta su ciudad natal como nuestro primer cura párroco, en cuyo puesto estuvo hasta su fallecimiento ocurrido el 18 de julio del año de 1904, y fue sepultado en nuestra misma iglesia.

49° "El 7 de marzo de 1885, la Asamblea de Guatemala declaró Gobierno Nacional al que presidía el General don Rufino Barrios".

Nota: Este apunte tiene relación con la nota que publicamos oportunamente, y en la cual se informa acerca de la actitud del Gobierno de Honduras con relación a la guerra nacionalista del año de 1885.

50° "El señor Presbítero don Florencio Estrada, que estaba investido de la alta dignidad de canónigo, falleció en su casa de Tegucigalpa, a donde llegó ya enfermo, el día 20 del mes de abril del año de 1881, sábado, a las diez del día y como de 78 años de edad".

Nota: El señor Presbítero Estrada perteneció a una de las más antiguas y distinguidas familias de Tegucigalpa, no por sus riquezas materiales, sino por sus nobles virtudes en el hogar y en la sociedad.

El señor Estrada fue siempre un alto ejemplo del decoro y la honestidad de la Iglesia Nacional.

51° "El Padre don Darío Cruz cantó su primera misa el 8 de diciembre del año de 1879, en la Parroquia de Tegucigalpa, y fueron sus padrinos el señor Cura don Yanuario Girón, el Padre don Hipólito Matute, el señor Presidente Dr. Marco Aurelio Soto y don Miguel Lardizábal".

Nota: El padre Darío Cruz era nativo de Comayagüela, y desde hacía cerca de 30 años (1925) residía en Siguatepeque y en Opoteca, y parece que fue el primer cura párroco de aquella nueva ciudad.

52° "El 13 de septiembre de 1886 se vio andar por primera vez en las calles de esta ciudad y de Tegucigalpa un coche en que iban dos señoras y un hombre que lo manejaba".

Nota: Este coche puede decirse que fue el precursor de los vehículos motorizados que muchos años después han llegado a hacer el tráfico motorizado en nuestras poblaciones y carreteras nacionales.

53° "El señor cura párroco de Tegucigalpa, Presbítero don J. Trinidad Estrada, administró aquella parroquia desde el año de 1831 hasta el año de 1874, durando en el desempeño de sus funciones sacerdotales 43 años, y tuvo por coadjutor al Padre José Trinidad Reyes, habiendo fallecido el Padre Estrada 19 años después de haber fallecido el Padre Reyes."

Nota: El Padre José Trinidad Estrada fue el sacerdote que más tiempo duró en el siglo pasado como cura párroco de la Iglesia Parroquial de Tegucigalpa.

54° "El 19 de marzo de 1885 salieron de esta población y de Tegucigalpa las primeras fuerzas del Gobierno de Honduras con dirección a Nacaome y Choluteca, con el fin de detener las fuerzas de las Repúblicas de Nicaragua y de Costa Rica, que no querían la unión de Centroamérica, y de allí vino la guerra, y el Presidente de Honduras don Luis Bográn se fortificó en Choluteca, y las fuerzas de Nicaragua estaban en El Corpus, Somoto y Namasigüe, y las fuerzas salvadoreñas se hallaban en Pasaquina; siendo así que a nuestro Gobierno lo tenían rodeado; pero en esto obró la Divina Providencia de Dios, y las fuerzas de El Salvador que se hallaban en Chalchuapa, a los tres días de fuego con las fuerzas del Presidente don Rufino Barrios, lo aseguraron y murió peleando el 2 de abril de ese año, y así fue que el Presidente Bográn se halló en el caso de entrar en tratados de paz con los demás gobiernos, acabando así la guerra; y el 16 de abril entró a esta plaza el señor Presidente don Luis Bográn, y fueron licenciadas todas las fuerzas, terminando así la campaña que había durado un mes y dos días."

Nota: Así terminó rápidamente la guerra nacionalista que emprendió el Presidente de Guatemala, General Justo Rufino Barrios, en 1885, y que tuvo por epílogo la muerte de aquel caudillo en los campos ensangrentados de Chalchuapa, el recordado 2 de abril de 1885.

55° "El año de 1881 se principió a darle cumplimiento en Comayagüela a la Ley del Matrimonio Civil, siendo Alcalde Municipal de esta población el ciudadano Miguel Cortés."

Nota: Era entonces Presidente de la República el Dr. Marco Aurelio Soto, conteniendo esta nueva ley una de las reformas trascendentales de aquel Gobierno progresista.

56° "El 7 de mayo de 1883 se fue de aquí don Ramón Rosa con toda su familia, y el 8 del mismo mes salió la niña Celestina con toda su familia, y el 9 del expresado mes salió don Marco Aurelio Soto con rumbo a los Estados Unidos, habiendo salido a las seis de la mañana de los expresados días."

Nota: Los doctores Soto y Rosa, al marcharse de aquí con rumbo al extranjero, dejaron encargado el Gobierno de la República, como lo hemos dicho anteriormente, a los señores General Enrique Gutiérrez, Lic. Rafael Alvarado Manzano y General Luis Bográn.

El Dr. Soto, ya estando en San Francisco de California, envió de allá su renuncia de la Presidencia de la República, la que le fue aceptada por el Congreso Nacional.

57° Nota: Después de la celebración del 15 de septiembre de 1950, se principió a deshacer la casa donde nació Juan Ramón Molina, en la Calle Real, para edificar en dicho lugar una casa moderna de dos pisos. Dicha propiedad pertenece ahora a la sucesión de don Cipriano Velásquez. También comprenderán la nueva construcción las dos piezas de casa que fueron del padre Darío Cruz, pertenecientes a la misma sucesión Velásquez, y que están al sur de la propiedad o casa de esquina que perteneció a don Gregorio Turcios, y que pasó después como herencia a su hijo don Felipe Turcios Carías.

Don Gregorio construyó su mencionada casa el año de 1855, siendo así que tal fundo a cumplido un siglo sin que el artesón haya sido reparado hasta ahora.

58° "Mi padre don Eugenio Turcios —decía don Gregorio— murió el año de 1830, el 27 de julio, de una viruela alfombría".

Nota: Don Eugenio Turcios descendía de una de las familias indígenas que fundaron Comayagüela, y sirvió mucho en el desarrollo y progreso de esta población. Fue uno de los diecisiete electores que eligieron la primera Municipalidad Constitucional de esta ciudad, el año de 1820, habiendo sido Regidor 2° en 1822 y Alcalde Municipal en 1825.

Como ascendientes de don Eugenio Turcios, que figuraron en los distintos Cabildos de indígenas de Comayagüela, tenemos los siguientes, comprendidos del año de 1766 a 1818: José Antonio Turcios, Juan Santiago Turcios, Juan de Turcios, Miguel Turcios, Valentín Turcios y Hermenegildo Turcios.

Don Eugenio fue dueño de la célebre "Casa de Trancas", en donde puede decirse que se resolvían muchos de los problemas locales de Comayagüela en aquella época. En ella se construyó el retablo de nuestra Iglesia Parroquial, y era, según sabemos, una especie de casa del pueblo, donde encontraban asilo todos los que lo solicitaban.

La "Casa de Trancas" ocupaba toda la manzana en donde están actualmente las casas de la sucesión de doña Elena Valladares y la del Licenciado Ernesto Divanna, o sea al sureste del Parque de La Libertad.

59° Don Gregorio Turcios nació el 16 de marzo del año de 1813, y fue bautizado el 22 del mismo mes por Fray Joaquín de Heredia en la Santa Iglesia Parroquial del Señor San Miguel de Tegucigalpa, y fue su madrina doña María del Pilar Núñez.

Nota: Don Gregorio Turcios, mi venerable abuelo, que de la paz del Señor goce, tenía siete años y seis meses de edad al proclamarse la Independencia de Centroamérica, y pudo darse cuenta y apreciar muchos e importantes sucesos de nuestra vida social y política de épocas pasadas. Tuvo la curiosidad de anotar algunos de aquellos acontecimientos que han venido a contribuir a aumentar nuestro acervo histórico.

Don Gregorio Turcios fue miembro de las municipalidades de Comayagüela de los siguientes años: 1844, 1845, 1849, 1867, 1871 y 1876, y falleció en su casa de habitación de la Calle Real el día 12 de diciembre del año de 1886, a la edad de 73 años.

Fue, indudablemente, aquel noble indígena, honrado, laborioso y metódico, uno de los esforzados pioneros del adelanto moral, intelectual y material de esta —para nosotros— bien amada ciudad de nuestras saudades y añoranzas infantiles, en donde reposan en su sueño eterno nuestros mayores, y donde nosotros queremos también descansar.

Comayagüela, 8 de septiembre de 1926

NOTA: Aquí terminamos las interesantes y curiosas informaciones que nos dejó en sus Apuntamientos para la Historia de Comayagüela el modesto ciudadano que se llamó don Gregorio Turcios, dejando sin publicar el resto, que es numeroso, de las otras noticias que se contienen en sus referidos Apuntamientos, por ser ellas de carácter familiar, íntimo y otras que no es del caso reproducir aquí, por causas que engendrarían sentimientos de pena y de dolor.

CAPÍTULO II: EL CIUDADANO DON FELIPE TURCIOS CARÍAS

(Del libro intitulado Apuntamientos para la Historia de Comayagüela).

Don Felipe Turcios Carías, que fue una perenne sonrisa frente al panorama realista del mundo; que llevó siempre a flor de labio la fina ironía y la noble conseja; y que, sin ser un sabio de las viejas teorías del pensamiento humano, conocía muchos secretos de la complicada psicología de la vida, y que, en la relatividad de la vida de nuestro ambiente parroquial, fue, indudablemente, un legítimo exponente de la vida sencilla, ingenua y conventual de fines del siglo pasado, de esta coronada villa del cerro Cucuterique y de los amados ríos Grande y Guacerique.

Hacemos esta ligera consideración de carácter puramente familiar al recordar que hoy, 1° de mayo de 1947, se cumplió un siglo de haber venido a la vida el modesto ciudadano que fue don Felipe Turcios Carías, vecino nativo de la ciudad de Comayagüela, quien nació el 1° de mayo del año de 1847, como hijo legítimo del honrado matrimonio de don Gregorio Turcios y de doña María Manuela Carías, que fue hija de don Marcos Cubas y de doña María Josefa Carías, vecinos que fueron del Barrio Abajo de Tegucigalpa.

Don Gregorio Turcios, que era indígena de pura cepa, fue hijo legítimo de don Eugenio Turcios y de doña Fermina Martínez, nativos también de Comayagüela, quienes fueron igualmente padres legítimos de don Pascual, don Pedro Nolasco, don Sixto, don Pío, don Macedonio, don Gerardo, doña Timotea, doña María Josefa y doña Purificación Turcios Martínez.

Don Gregorio se casó con doña María Manuela Carías el día 6 de mayo de 1844, y los unió eclesiásticamente el señor Cura de Tegucigalpa, Presbítero don José Trinidad Estrada, y fueron padrinos de aquel acto don Anastasio Castro y la señorita Leonor Valdés, y la madrinita del plato fue la niña Eloísa Gereda.

Del matrimonio Turcios Carías nacieron los siguientes hijos: don Juan Ramón, don Felipe, doña María Coronada, don José Domingo, doña Luparia y don José Agrípito, que fallecieron siendo niños, y solo llegó a la mayoría de edad don Felipe, quien contrajo matrimonio el

25 de agosto de 1875 con doña María Santos Ramírez, autorizando el acto religioso el Cura Párroco de Tegucigalpa, Presbítero don Carlos Cerna, y fueron padrinos don Felipe Pineda y doña Eustaquia Ramírez. De ese matrimonio nacieron: don Juan Ramón, doña Manuela Dolores, doña Juana Ramona, don Salvador, doña Ester de Jesús y don Gregorio Turcios Ramírez.

Doña Santos de Turcios Carías falleció el 3 de agosto de 1899, a los 42 años de edad, y don Felipe murió el 11 de agosto de 1924, a los 77 años de edad.

Los padres de doña María Santos de Turcios Carías fueron don Juan Pío Duque, que vivió y murió en El Real, Departamento de Olancho, y doña María Manuela Ramírez, quien también tuvo otra hija llamada María Josefa Ramírez, cuyo padre natural fue don Juan Pagoaga, vecino de Tegucigalpa.

Las hermanas Ramírez vivieron durante varios años como hijas de crianza en el honorable hogar de doña Anita Arbizú viuda de Guardiola. Es digno de anotarse el dato de que los viejos indios de la familia Turcios figuraron en Comayagüela en los antiguos cabildos indígenas desde mucho antes del año de 1766, según aparece en las nóminas de aquellas autoridades locales. Bien pueden considerarse, a este respecto, los nombres de José Antonio Turcios, designado como Regidor Mayor el mencionado año de 1766, lo mismo que el de otros posteriores de la época colonial y después de la Independencia, tales como Juan Santiago Turcios (1772); Juan de Turcios (1774); Miguel Turcios (1803); Valentín Turcios (1814); Hermenegildo Turcios (1818); Eugenio Turcios (1822); Pascual Turcios (1836); Gregorio Turcios (1844); Sixto Turcios (1846); Macedonio Turcios (1851); Pío Turcios (1862); Felipe Turcios Carías (1873); y Salvador Turcios Ramírez (1924 y 1925).

Es curioso mencionar el hecho de que el año de 1825 fue Alcalde Municipal de Comayagüela don Eugenio Turcios, y el año de 1925, al cabo de cien años, fue Síndico Municipal de la misma corporación de Comayagüela el bisnieto de aquel ciudadano, don Salvador Turcios R.

Cuando se publiquen los Apuntamientos Históricos de don Gregorio Turcios, se conocerán muchos detalles interesantes relacionados con la vida social y política de Comayagüela a través de más de un siglo de su existencia, y se verá entonces que la familia

Turcios desciende directamente de los indios fundadores de esta histórica ciudad.

Don Felipe Turcios Carías fue alumno del Colegio del Corazón de María, que fundó y dirigió en Comayagüela el Licenciado don Valentín Durón; y el año de 1860 le fue extendido un Certificado de Aptitud por haber sido aprobado en el examen de las materias que componían entonces la enseñanza que ahora se llama primaria.

De ese período dichoso de su vida de colegial decía alegremente don Felipe:

—A mí me decían Walker en el Colegio del Licenciado Durón.

—¿Y por qué? —se le preguntaba, y él respondía:

—Porque decían que era "chele" y me parecía al yanqui de este apellido.

Hablaba, asimismo, de las conjugaciones de Corcuera y de otros autores clásicos latinos; recordaba igualmente al "Gato Hernández", o sea el Dr. y General don Luciano Hernández, que, estando emigrado de El Salvador, fue profesor en el mencionado colegio del Licenciado Durón.

Don Felipe fue un narrador feliz de la tradición vernácula y, sin pensarlo, indudablemente, fue un "folklorista", como se dice ahora, de grandes relieves en el ambiente hogareño. De él recordamos, entre otras descripciones verbales, las siguientes, algunas de las cuales han sido ya publicadas y otras lo serán en seguida, como estas:

—La Burriquita del Domingo de Ramos.

—La Visita a la Cueva de Torocágua.

—La Cueva de La Chorrera.

—La Arenga del General Velásquez en el Combate de Las Anonas.

—La Memoria del General Vásquez.

—El Sino Trágico de "Jeremías".

—Mi Experiencia en la Política.

Y, en fin, toda una serie de prestantes revelaciones históricas y personales, como para formar muchas películas documentales de nuestra vida nacional y local en la marcha incontenible del tiempo.

Comayagüela, D. C., 1° de mayo de 1947.

CERTIFICADO EXTENDIDO AL NIÑO FELIPE TURCIOS CARIAS EL AÑO DE 1860

El infrascrito preceptor de la escuela de primeras letras de esta villa CERTIFICA en la más debida forma: que el señor don Felipe Turcios ha asistido constantemente a la escuela durante los diez meses que la he servido; que ha sido sumiso, respetuoso y aplicado; y que ha aprendido con perfección los preceptos principales de Moral y Urbanidad, la Doctrina Cristiana, Lectura y Escritura, Ortografía y las cinco reglas fundamentales de Aritmética.

Y para lo que pueda convenir al interesado y a su solicitud, doy la presente en la Villa de Concepción, a 4 de enero de 1860.

Valentín Durón

DERECHOS GRATIS:

Nota: Don Felipe Turcios Carías, cuando terminó sus estudios de enseñanza primaria en el Colegio del Sagrado Corazón de María, tenía la edad de 13 años, pues había nacido el 1° de mayo del año de 1847, como hijo legítimo de don Gregorio Turcios y de doña María Manuela Carías, vecinos que fueron de Comayagüela y de Tegucigalpa.

CURIOSA CARTA MATRIMONIAL DE HACE UN SIGLO

Señora María Josefa Carías,
Casa de Ud., enero 22 de 1844.

Muy señora que aprecio:

Con bastante pena me dirijo a usted, creída del disgusto que acaso le causará al leer esta; pero como no me es posible el hacerlo de otro modo, porque lo que deseo decirle, sea con elocuencia o sin ella, no dejará de darle incomodidad, ni yo puedo omitirlo por lo obligada que me hallo según el precepto que Dios impone a los padres de familia, es por esto: que habiéndome manifestado mi hijo Gregorio el vivo deseo que tiene de contraer matrimonio con su amada hija María Manuela, se lo comunico para que, calmándole (como madre) en conciencia y siendo gusto de Dios, por sí mismo, de ella, usted y su familia, me dé una contestación llena de consuelo en razón de lo que solicito, para que sea efectuado el deseo de mi hijo, y también el mío que tanto anhelo.

Creo, de su generosidad, me dará por dispensada la incomodidad que le cause el ver las voces que he estampado en este papel, y también estoy penetrada de que su contestación será adecuada a mi modo de pensar; quedándome el placer de suscribirme en próxima ocasión por su muy atenta S. q. b. s. m.

Fermina Martínez

Nota: Don Gregorio Turcios contrajo matrimonio con doña María Manuela Carías el 6 de mayo de 1844, teniendo varios hijos que murieron, muchos de ellos siendo niños, y doña María Manuela falleció en su casa de Comayagüela, en la Calle Real, el 6 de septiembre de 1880, a la edad de 68 años.

CAPÍTULO III: LA CALLE REAL DE COMAYAGÜELA O SEA LA CALLE DE LOS POETAS

Al escribir anteriormente acerca de los orígenes y creciente desarrollo de la ciudad de Comayagüela, y trayendo a cuenta las diferentes teorías que se han lanzado a la circulación con respecto a sus primeros pobladores, dijimos que estos se establecieron primeramente en los terrenos de El Toncontín, y que de allí se fueron extendiendo por la margen izquierda del Río Grande, en la planada que ocupa actualmente la ciudad, limitada al occidente por el célebre Cerro Cucuterique, como le llamaban los indígenas, o sea La Crucita, como se le llama en la actualidad.

Dichos habitantes eran en su mayoría indios de pura raza autóctona.

Cuando entonces nos ocupamos extensamente con relación a todas las grandes posibilidades que ofrece esta ciudad para un futuro no lejano, varias personas de la localidad se mostraron pesimistas y dudaban de que aquellas iniciativas nuestras pudieran realizarse, y nos decían con un tono de gran duda:

—Eso que usted dice y que consideramos como lo mejor para Comayagüela, lo venimos oyendo, en parte, desde que "éramos chiquitos", y nunca lo veremos realizado.

Y, sin embargo, a pesar de lo difícil que es impulsar el progreso en Honduras, en cualquiera de sus expresiones, vamos caminando hacia él, impulsados más que todo por la mancomunidad de los intereses de las grandes fuerzas económicas y expansivas que rigen al mundo actualmente. Es una ley biológica y sociológica de un poder incontrarrestable. El que no se adapta al medio en que actúa, tiene que perecer asfixiado por el mismo medio ambiente, ya sea en lo individual o en lo colectivo.

Según los datos que poseemos, allá por los años de 1830 a 1840, Comayagüela tenía solamente unas treinta o treinta y cinco casas, siendo de "paja" su mayoría, y las cuales se encontraban diseminadas a considerable distancia las unas de las otras, como verdaderos bohíos enclavados en la gran desolación de la manigua agreste, rodeados de todas las inclemencias de la naturaleza y carentes de los efluvios de la civilización.

A este propósito dice uno de nuestros historiadores:

—"En la década de 1840 a 1850, progresó algo la edificación. El 4 de diciembre de 1847 ordenó la Municipalidad que todos los dueños de casa en la Calle Real, que estaba formándose, empedraran su frente. A los solares sin dueño se hizo el empedrado por cuenta del Tesoro Municipal. El mismo año se dispuso dar a la Calle Real doce varas de ancho y diez varas solamente a las otras calles. El ciudadano don Gerónimo Reina protestó contra la anchura de la Calle Real, pidiendo que se le diera mayor amplitud. Con tal objeto presentó un escrito a la Gobernación Política, que resolvió la solicitud en sentido favorable al apelante".

—"En la sesión solemne que celebró la Municipalidad el 29 de julio de 1849, a la que asistió el padre Reyes, el Dr. Hipólito Matute y otras personas de mucha importancia, se acordó dar veinte varas de anchura a cada una de las calles que convergen al puente".

—"El 2 de julio de 1850 el Gobierno decretó que todo individuo poseedor de casa y trabajos de campo quedaba obligado a construir su habitación en el pueblo respectivo. Debido a esto, muchos vecinos pobres pidieron solares para edificar casas de paja en la Calle Real, cerca del puente. En la sesión municipal del 5 de agosto del mismo año, siendo Alcalde don Luis Velásquez, se dispuso conceder solares en el centro únicamente a los que pudieran edificar sus casas de teja (es decir, de adobes) y, al mismo tiempo, darlos en las orillas de la población a los que solo pudieran hacerlas de techo de paja".

Como se ve por los datos insertos anteriormente, nuestros ancestros se preocuparon vivamente, desde un principio, por el progreso urbano; y por lo que respecta a nuestra Calle Real, como su mismo nombre lo indica, siendo un recuerdo superviviente de la Colonia, parece que aquellos habitantes pusieron todo su empeño en hacerla lo mejor posible, para que fuera un justo orgullo de la localidad, como parece que así será con el correr del tiempo.

Los vecinos que entonces hacían casa en la Calle Real era porque tenían sus facilidades económicas, y se consideraban como "riquitos" en la relatividad del ambiente pueblerino.

Parece que hay un destino bueno y un destino malo que rige a los seres y a las cosas, y, divagando alrededor de tal ingenuidad, nos hemos dicho interiormente: ¿Presentirían acaso nuestros buenos abuelos que la Calle Real de Comayagüela pasaría a las páginas de nuestra historia cultural, con los timbres de honor y de gloria, porque en toda su extensión nos habla constantemente del renombre y del triunfo imperecedero de muchos de sus hijos de pensamiento y de acción, que son motivo de justa ufanía para la patria...?

Quién sabe; pero es el caso curioso que, en muchas de las modestas casas de la Calle Real —o sea, del puente Mallol al puente de Guacerique— nacieron en épocas pasadas nada menos que el príncipe de nuestros poetas, Juan Ramón Molina, Rómulo E. Durón, Valentín Durón, Luis Andrés Zúñiga, Valentín Turcios Reina, Guillermo Bustillo Reina, Salvador Turcios R., Arcadia Turcios Velásquez, Rafael Heliodoro Valle, Alonso A. Brito, Manuel Ramírez y otros muchos intelectuales y profesionales distinguidos, que son honra de la localidad y del país en general.

En la actualidad la antigua Calle Real se conoce con el nombre de Avenida Marco Aurelio Soto; pero nosotros nos permitimos sugerir la idea de que, como un recuerdo imborrable del nombre de Juan Ramón Molina y de los demás poetas que allí nacieron, se le llame sencillamente, elocuentemente, La Calle o Avenida de los Poetas. Y esta modesta insinuación la hemos puesto bajo el patrocinio de los hombres de buena voluntad que pueden hacerlo actualmente.

Comayagüela, D. C., 7 de abril de 1937.

CAPÍTULO IV: COMO SE CELEBRABA LA FIESTA TRADICIONAL DE COMAYAGUELA, A FINES DEL SIGLO DIEZ Y NUEVE

Nos refiere la historia nacional que el Congreso y el Senado de la República, a excitación del Gobierno, en la administración pública del Dr. Juan Lindo, "El Zorro de la Política Hondureña", elevó a Comayagüela al rango de villa el 22 de agosto de 1849, permitiéndole, asimismo, celebrar una fiesta anual que principiaría el

8 de diciembre; y que, muchos años después, el 10 de abril de 1897, en la administración del Dr. Policarpo Bonilla, le fue conferido el título de ciudad, tomando en cuenta todas las circunstancias favorables que distinguen a esta bella población.

En cuanto a la fiesta anual de Comayagüela, llamada impropiamente "feria", queremos recordar su pasado esplendor, lleno de ingenuidad y de un matiz eglógico que la "civilización" ha destruido en el correr vertiginoso de los años; y, para hacer una evocación más o menos exacta de una época lejana, interrogamos así, cierto día, al viejo Tío Liborio:

—Cuéntenos, querido Tío, cómo se celebraba nuestra fiesta tradicional cuando usted era muchacho.

Y el buen señor, que era un indígena de pura cepa, descendiente directo de los abuelos paternos que fundaron la coronada ex villa del Guacerique y del Río Grande, atendiendo nuestro reclamo, principió a decirnos, con su voz cascada y su frase pintoresca, el siguiente sencillo relato:

—En aquellos tiempos —díjonos— hablar de la fiesta de Comayagüela, entre nosotros se entiende, era como hablar de la Semana Santa en León, de Nicaragua; del Corpus, en Guatemala, o de la Fiesta de Agosto en San Salvador; tal era el entusiasmo que despertaba en todos los vecinos y lugares inmediatos; tal como sucedía cuando se aproximaban las fiestas de Mercedes, San Miguel y la Pascua en Tegucigalpa. Todo era contento y grandes preparativos.

Los principales vecinos de la localidad hacían colecta de fondos para la celebración religiosa y los actos públicos que se acordaban, principiando la fiesta religiosa y pública con el gremio del Centro, que le tocaba el 8 de diciembre, el propio día de la Santa Patrona del pueblo, y a cuyas ceremonias religiosas asistía la Municipalidad en cuerpo y el Gobernador Político del Departamento. La autoridad civil y eclesiástica se unían en la fe bajo el techo de la Casa de las Oraciones.

Toda la población vibraba de sano entusiasmo y no se registraban crímenes, no obstante que los agentes de la autoridad eran muy pocos, relativamente.

Los gremios de las aldeas del municipio celebraban cada uno su día con una solemne misa, que era alegrada con gran derroche de pólvora y de música religiosa, y daba gusto ver a los humildes campesinos cómo llegaban en grandes caravanas al sagrado templo, a encomendarse a la celestial Patrona y a escuchar reverentes la palabra de Dios, para que les infundiera fe y esperanza en las rudas luchas de la vida. Era un desfile luciente de hombres, mujeres y niños, que ostentaban el mejor traje en la celebración de su día.

Al salir del templo se encaminaban a la casa que en uno de los barrios de la población habían preparado al efecto, en donde tomaban un suculento desayuno y después se entregaban, el resto del día, al placer del baile y a consumir el espirituoso jugo de la dulce caña.

Durante los días de la fiesta no faltaban los espectáculos populares, entre ellos, las carreras de caballos, los encostalados, el palo ensebado y, sobre todo, las corridas de toros, que constituían entonces lo más atractivo de los actos populares y que atraían centenares de personas de todas clases, ansiosas de admirar la bravura de los toros y la destreza de los nativos Mazantinis.

El lugar que hoy ocupa el Parque de La Libertad era la plaza de toros, y a su alrededor, que se cerraba con fuertes barreras, se construían los tablados en donde las personas acomodadas de Tegucigalpa y Comayagüela se instalaban cómodamente para presenciar las partidas taurinas. La generalidad del pueblo se colocaba alrededor de las barreras, y el acto era amenizado alegremente por la música marcial.

Era este, como dejo dicho, el espectáculo más emocionante de la fiesta, pues en muchas ocasiones corrió la sangre en ese sitio de los lidiadores indígenas. Los toros —verdaderas fieras— casi siempre eran de la Hacienda de El Zamorano o del Valle de Comayagua.

En las noches durante la fiesta se bailaba en las casas de los principales vecinos de la Calle Real, y salían estos a la plaza y a las calles en numerosas parejas, acompañados de músicas pueblerinas, con la mayor animación de la fiesta.

Entonces todo era dicha y animación y se gozaba con poco dinero, conservando eso sí, lo típico de las fiestas regionales hondureñas, que constituyen el alma de nuestros pueblos. Y terminó así su breve relato el viejo y querido Tío Liborio, dando un hondo suspiro de amadas remembranzas, con esta sencilla e ingenua exclamación, de una verdad perdurable:

—¡Oh, Dios mío, cómo cambian los tiempos!

Nota: Y ahora todo este pintoresquismo del folclore nacional, contenido en nuestra fiesta tradicional, ha desaparecido por efecto de los avances incontenibles de la llamada "civilización", de que tanto nos hablan los elementos "exóticos" que nos han invadido en todos los sectores de la vida política, social, económica y religiosa, que se precian de estar conduciendo a nuestro pueblo a un alto nivel de una vida mejor. En todas las partes del mundo culto, el folclore representa el sentimiento y el alma de las colectividades en su marcha ascendente hacia su perfeccionamiento y perdurabilidad en la historia del mundo. (Comayagüela, D. C., 8 de diciembre de 1941).

Comayagüela, Ciudad Heroica
Cómo exaltar quisiera el nativo ancestralismo
que pones en mi psiquis de rudo visionario,
para cantar la gloria de tu romanticismo,
¡Oh, bella durmiente de un ensueño lapidario!

No ostentas el escudo de una urbe de leyenda
ni los rancios blasones de nobles tradiciones,
pero muestras, en cambio, en la hogareña senda,
el gesto prepotente de tus altas acciones.

Es tu fiel centinela el audaz Cucuterique
que arrulla con sus músicas el Río Guacerique
en la ruta infinita de tu altiva ansiedad...

Y si no fueras cuna de poetas y guerreros
que ilustran a la patria con sus limpios aceros,
¡te basta tu fervor por la Diosa Libertad!

SALVADOR TURCIOS R.

CAPÍTULO V: ORIGEN DE LOS INDIOS DE COMAYAGÜELA

De los estudios etnográficos y filológicos que han hecho algunos de nuestros hombres de ciencia, se ha venido a comprobar que los antiguos pobladores de la actual ciudad de Comayagüela fueron indígenas de origen náhuatl o mexicano, que vinieron de Jano, en el Departamento de Olancho, según unos historiadores, y de Lejamaní, según otros, a mediados del siglo XVI.

Se ha averiguado, asimismo, que esos pobladores se establecieron primeramente en el sitio conocido con el nombre de El Toncontín, en el Llano del Potrero, y que después se fueron extendiendo por la margen occidental del Río Grande, en el lugar en donde está la actual población.

Se asegura que cerca de Jano se encuentra un sitio que se conoce con el nombre de Comayagüela Vieja, en afianzamiento de la primera teoría de que dichos pobladores vinieron de aquel lugar; pero, de lo que sí no cabe duda, es que los mencionados indígenas fueron trasplantados a este lugar para que trabajaran en las ricas minas que explotaban en Tegucigalpa y Santa Lucía los descendientes de los conquistadores españoles, lo mismo que para las faenas agrícolas.

A fines del siglo XVIII, Comayagüela ya era una población de alguna importancia por el número de sus habitantes y sus posibilidades económicas, lo cual se demuestra por el hecho de haber dado principio, en 1788, a la construcción de su iglesia, la cual fue terminada en 1796 por el esfuerzo decidido de los vecinos, siendo así que de estos, 300 eran tributarios, y cada uno de los cuales debía sembrar diez brazadas de tierra para el pago de dicho tributo, de conformidad con lo dispuesto en la cédula de fecha 4 de junio de 1582.

Nuestros antecesores fueron tributarios por cerca de trescientos años, dando así su sangre y su vida al mantenimiento de un poder extraño, hasta el 3 de noviembre de 1812, en que, con motivo de los aires libertarios que empezaron a respirarse en esta parte del mundo, nuestros indígenas principiaran a significar su repugnancia por el pago del real tributo, como así lo hizo constar en un acta, en 1818, el entonces Alcalde Mayor de Tegucigalpa, Lic. Narciso Mallol, y esto, según decían, fundándose en la Constitución Española de ese mismo año, que los libraba de ese pago.

EL PUENTE MALLOL

En la construcción de nuestro puente principal, cuya obra dio principio el año de 1817, casi todos los peones que en ella trabajaron fueron de Comayagüela, y tanto fue el entusiasmo y decisión que en ella emplearon nuestros indígenas, que el que no laboraba personalmente, facilitaba sus bueyes, carretas y hasta dinero para que se llevara a feliz término tan importante construcción.

Esta obra, que ahora es orgullo de la arquitectura nacional, fue dirigida por los españoles don Juan Bautista Jáuregui y don Juan Benito Quiñónez.

EL AYUNTAMIENTO MUNICIPAL

Un hecho que marcó indudablemente un paso positivo en el progreso de Comayagüela se realizó el 30 de noviembre de 1820, con la transformación de su antiguo cabildo de indígenas en un ayuntamiento municipal con más amplias visiones hacia el porvenir, habiendo inaugurado sus trascendentales funciones solicitando de las autoridades superiores la devolución del fondo de comunidad que estaba depositado en la Caja Real en Comayagua, para poder hacer frente a los gastos en el sostenimiento de la escuela primaria que desde hacía mucho tiempo funcionaba en la población.

En el mismo año de 1820 se dispuso por la municipalidad que los vecinos edificaran sus casas en la población, pues la mayoría de ellos residían en sus casas de campo o "chácaras", y solo "bajaban" a la población cuando el cabildo celebraba sus sesiones.

AL PROCLAMARSE LA INDEPENDENCIA NACIONAL

Cuando se hizo la proclamación de la independencia de Centroamérica, la actitud de Comayagüela fue francamente en favor de las patrióticas tendencias de Tegucigalpa, que se oponían a las pretensiones del gobernador José Gregorio Tinoco de Contreras, residente en Comayagua, que era decidido adversario de la independencia y que después se esforzó con todo empeño por la anexión de esta provincia al Imperio Mexicano. Y fue entonces, puede afirmarse, cuando tuvo su génesis la rivalidad que existió durante mucho tiempo entre Comayagua, la antigua capital de la provincia, y Tegucigalpa, siendo también en esta misma ocasión cuando el mimado de la gloria, el invicto Francisco Morazán, empezó a calzarse las espuelas del guerrero que más tarde asombró con sus brillantes proezas al istmo centroamericano.

ERUPCIÓN DEL VOLCÁN COSIGÜINA

El 20 de enero de 1835, cuando la erupción del volcán Cosigüina, la población sufrió la consiguiente consternación, pues para muchas personas se trataba del fin del mundo, y muchas de estas, según se dice, estuvieron a punto de trastornarse; pero, en tan angustiosa situación, vino a calmar un tanto los ánimos la palabra sapiente y convincente de nuestro recordado y admirado Padre Reyes, quien les indicó a las muchedumbres de Tegucigalpa y Comayagüela que tal fenómeno, "el polvo", que oscureció la atmósfera durante tres días, provenía de la erupción de un volcán.

LA PESTE DEL CÓLERA

El cólera morbus invadió esta población el 21 de septiembre de 1837 y causó un regular número de víctimas, pero, por fortuna, no produjo los trastornos políticos que este mismo flagelo ocasionó en Guatemala, y que sirvió —quién lo creyera— de pedestal a la figura militar y política del general Rafael Carrera, que años después llegó a ser el árbitro de los destinos de Guatemala, como presidente vitalicio de aquella sección centroamericana.

COMAYAGÜELA ESTUVO A PUNTO DE SER DESTRUIDA

En el vaivén de los acontecimientos políticos que han agitado al país durante la centuria de vida llamada "independiente", nuestra población ha estado a punto de perecer por efecto de la exaltación de las pasiones banderizas, de suyo tan enconadas entre nosotros los hondureños, y así vemos que, en 1844, siendo presidente de la República el general Francisco Ferrera, y en vista de la actitud que habían asumido muchos vecinos de Comayagüela en favor del movimiento revolucionario del pueblo de Texiguat, apoyado por el Gobierno de Nicaragua, el general Ferrera dio orden, según se afirma, de que incendiaran esta población, lo que afortunadamente no se llevó a cabo por la intervención de varios vecinos influyentes de ambas poblaciones, entre ellos, el recordado ciudadano don Luis Velásquez, quien además salvó la vida de don Pablo Maradiaga, contra quien se había dado orden de fusilamiento, y para tal fin había sido trasladado a Nacaome, a donde también se dirigió el señor Velásquez, logrando con su intervención la libertad del señor Maradiaga.

EL VIEJO CABILDO MUNICIPAL

El antiguo cabildo municipal de esta ciudad fue construido el año de 1842 y reconstruido en un estilo moderno durante la administración pública del Dr. Francisco Bertrand, de 1915 a 1916, siendo alcalde municipal don Francisco Valladares L., y que ahora sirve para la Escuela de Bellas Artes.

VILLA DE CONCEPCIÓN

Siendo presidente de la República el Dr. don Juan Lindo, uno de los gobernantes más ilustres que ha tenido el país, y en atención al relativo incremento que había alcanzado la población, con fecha 22 del mes de agosto de 1849, fue elevada a la categoría de villa y se le permitió que pudiera tener una feria anualmente, durante su fiesta titular, la cual principiaría el 8 de diciembre de cada año.

INCURSIONES DE LOS CURARENES

Los patriotas de Comayagüela se distinguieron por su arrojo y disciplina, al lado de los de Tegucigalpa, peleando contra las hordas de curarenes que invadieron ambas poblaciones en el mes de noviembre del año de 1871, según aparece de una proclama del entonces comandante de armas del departamento, general don Enrique Gutiérrez, lo mismo que en la segunda incursión que hicieron las mismas hordas de forajidos en el mes de julio de 1872.

INCURSIONES DEL VAPOR SHERMAN

En junio de 1873, siendo presidente de la República el Lic. don Céleo Arias, y con motivo de las incursiones que hizo a la costa norte del país el vapor General Sherman, nuestra municipalidad ofreció su adhesión incondicional al gobierno del señor Arias contra las funestas pretensiones de los filibusteros, tal como ya lo había hecho en época anterior cuando la invasión de Walker a la hermana República de Nicaragua, en 1856 y 1857 del siglo pasado.

Fue en esta ocasión cuando empezó a destacarse fuertemente la personalidad del ciudadano don Erasmo Velásquez, que más tarde llegó a ser general y uno de los vecinos más distinguidos que tuvo Comayagüela en los últimos años de la centuria pasada, y que murió valientemente en el combate de Las Anonas, el 27 de julio de 1892, peleando en favor del Partido Liberal, de que era jefe reconocido el Dr. Policarpo Bonilla.

DESCONOCIMIENTO DEL GENERAL MEDINA Y ADHESIÓN AL PRESIDENTE SOTO

El año de 1876 nuestra corporación municipal desconoció como presidente de la República al general José María Medina y proclamó en su lugar al general don Ponciano Leiva.

Cuando llegó a la presidencia el Dr. don Marco Aurelio Soto, el 27 de agosto de 1876, esta población declaró abiertamente su adhesión y simpatía al nuevo mandatario, y así lo hizo constar en la manifestación que suscribió el día 13 de septiembre de aquel año, por cuya causa, con el correr del tiempo, y cuando ya era presidente de la República el general Luis Bográn, en 1883, se conquistó la animadversión de aquel gobernante, que fue enemigo reconocido en política, años después, del Dr. Marco Aurelio Soto.

Ese sentimiento de hostilidad se hizo más manifiesto en 1886, con motivo del viaje de varios importantes vecinos de Comayagüela que partieron con rumbo a Nicaragua, de donde regresaron al país en son de guerra, capitaneados por el general Emilio Delgado, en contra del gobierno del general Bográn y con auxilio, según se decía, del expresidente Dr. Soto.

Con motivo de este incidente fue conminada nuestra corporación municipal, a raíz del viaje de los ciudadanos indicados, por el presidente Bográn, quien manifestó que si no regresaban a sus hogares los alzados en armas, convertiría a Comayagüela en una barriada de Tegucigalpa. Tal conminación, como es natural suponer, causó gran alarma en los nativos de esta población y aumentó la indisposición contra aquel gobernante.

EL PRIMITIVO MERCADO

A pesar del progreso material alcanzado por esta población, carecía hasta el año de 1888 de un centro comercial que le sirviera de mercado, y fue hasta el año antes indicado que se resolvió este importante problema, siendo alcalde municipal de esta ciudad el general don Erasmo Velásquez y síndico municipal el integérrimo ciudadano don Carlos A. Sosa; pero hay que hacer constar que obra tan necesaria logró realizarse venciendo los obstáculos que se oponían para ello por parte de algunas de las autoridades superiores, y fue inaugurado solemnemente el 29 de junio del mencionado año de 1888, con el nombre de Mercado El Progreso, y ocupó el sitio en donde estuvo la Administración de Rentas, que se incendió, y ahora ocupa el Kindergarten Nacional.

INTENTO DE FUSIÓN DE AMBAS CIUDADES

En 1890 se intentó la fusión de Comayagüela con Tegucigalpa, siempre por influencia del presidente Bográn, pero tal intento estuvo a punto de provocar un gran derramamiento de sangre, pues los indígenas de las aldeas de La Cuesta, El Carrizal, Lodo Prieto, La Soledad, La Quebrada Arriba y de la misma población, que al darse cuenta de lo que se intentaba, ocurrieron a la población en número de más de trescientos hombres, armados con machetes y pistolas; y si no hubiera sido por la intervención de algunos vecinos influyentes de esta población, que obraron en el ánimo de los indígenas, entre ellos el general Velásquez, que los convencieron de que la fusión de ambas poblaciones no se llevaría a cabo por ningún concepto, quién sabe qué proporciones hubiera tomado aquel conato de incendio, sobre todo porque ya en aquel año los espíritus estaban muy agitados por efecto de la campaña política que entonces se hacía contra el general Bográn.

SUBLEVACIÓN DEL GENERAL SÁNCHEZ

El 8 de noviembre de aquel año de 1890 ocurrió la traición del general Longino Sánchez contra el presidente Bográn, y fue entonces, precisamente, cuando el esforzado pueblo de Comayagüela se cubrió de gloria por su bizarría y honradez republicana, por la sinceridad de sus sentimientos ciudadanos, salvando la vida del general Bográn, acuerpando su gobierno y acompañándole en todas las peripecias de aquella emergencia, hasta cooperar a colocarlo nuevamente en la presidencia, en cuyos hechos de armas perdieron la vida muchos valientes comayagüelas, no obstante que el general Bográn había hostilizado de mil maneras a Comayagüela desde muchos años atrás.

Este es un bello gesto de patriotismo que honra a Comayagüela y que la historia ha recogido entre vítores y palmas triunfales, porque revela el noble espíritu que siempre ha animado a esta honrada población.

TÍTULO DE CIUDAD

Haciendo justicia a los positivos adelantos realizados por Comayagüela, le fue concedido el título de ciudad por decreto del Congreso Nacional, con fecha 10 de abril de 1897, siendo presidente de la República el Dr. don Policarpo Bonilla, y desde esa época hasta el presente, el desarrollo intelectual, moral y material de nuestra población ha sido manifiesto, a pesar de los grandes obstáculos que se han presentado en la vida de la República por efecto del convulsionismo bélico en que hemos vivido.

NUESTRA IGLESIA PARROQUIAL

Una de las cuestiones que absorbieron la atención de no pocos habitantes de Comayagüela, casi puede decirse desde la independencia nacional, consistió en el hecho de la exaltación de nuestra iglesia a la categoría de parroquia, pues, como bien se sabe, según se decía anteriormente, no caminaba tan bien como se deseaba por la feligresía, y así fue que tal mejora se consiguió, después de tantos años de constante petición, por decreto diocesano de 30 de octubre del año de 1893, dictado por el entonces obispo de la diócesis, el muy ilustre Dr. don Manuel Francisco Vélez, de grata recordación para la Iglesia hondureña, habiendo sido nombrado como primer cura párroco de nuestra iglesia parroquial el virtuoso e inolvidable presbítero don J. Trinidad Maradiaga, hijo nativo de esta ciudad, y a quien dio posesión de su alto ministerio el señor vicario foráneo, presbítero don Blas Escobar.

DISTINGUIDOS CIUDADANOS DE COMAYAGÜELA

La ciudad de Comayagüela ha tenido muchos distinguidos ciudadanos que contribuyeron honradamente a su desarrollo en todos los órdenes de la actividad creadora, y entre ellos recordamos a los siguientes, que figuraron antes de la independencia: Juan José Roque, el primer alcalde del ayuntamiento constitucional de 1820; don Eugenio Turcios, don Calixto Martínez, don Manuel Trinidad Hernández; y después de la independencia, don Luis Velásquez, don Jerónimo Reina, don Pablo Maradiaga, don Gregorio Turcios, don León Sosa, don Pedro Reconco, don José María Méndez, don Pedro Reina, don Antonio R. Reina, don Simeón Lozano, licenciado Valentín Durón, don Dionisio Valle, don Cipriano Velásquez, don Carlos A. Sosa, don Felipe y don Camilo Estrada, don Hermenegildo Valle, don Felipe Turcios Carías y otros muchos ciudadanos que sería muy largo enumerar, y conste que solo citamos los que ya hace mucho tiempo murieron, para no despertar rivalidades entre los vivos.

Comayagüela está llamada a conquistar un gran porvenir, como ya lo hemos dicho en otra parte, por todas las nobles circunstancias con que la ha dotado nuestra fecunda naturaleza, por la laboriosidad de la mayoría de sus hijos y por la brillante posición que ocupa dentro de la vértebra gigante que comunica al organismo de la República el impulso de la civilización y del comercio, o sea la vía interoceánica que nos pone en rápida comunicación con el sonoro palpitar de los océanos.

Y, por último, resumiendo estas informaciones históricas, diremos como concibe el poeta a su bella ciudad natal:

¡Oh, sí! Ella es una bizarra amazona indígena,
con su luenga y negra cabellera extendida al áureo sol como un manto triunfal;
de carnes fuertes y morenas, olorosas a nuestras amadas serranías,
que reposa muellemente en el ribazo maternal del antiguo Cucuterique,
arrullada eternamente por los ritmos orquestales de nuestro majestuoso Río Grande,
y que siempre ha amado con amor inmenso, infinito,
el trabajo regenerador, la justicia inmanente y la santa libertad...

Comayagüela, D. C., 1926

CAPÍTULO VI: LEYENDA QUE PARECE HISTORIA
El origen del nombre de la ciudad de Comayagüela

Muchos señores, con el título de sabios filólogos, han intentado explicar el origen del nombre de la ciudad de Comayagüela, pero según cuentan las antiguas crónicas tradicionales nuestras, sabemos que allá por el año del Señor de 1596 vivía en esta coronada villa del Guacerique y del Río Grande una familia indígena de apellido Pérez, compuesta de seis varones y de cinco hembras, además de los progenitores, que se llamaban Sinforoso y Laureana Pérez.

Estas buenas gentes, que llevaban una vida patriarcal, poseían varias manzanas de terreno completamente cultivadas a lo largo de la ribera del Río Grande; y la casa de habitación, que era una eglógica alquería, estaba situada en el lugar que ahora ocupa la sucesión de don Pedro Reina, a la entrada del puente Mallol.

Los hijos de los señores Pérez, como dice el Antiguo Testamento en relación con los descendientes del santo patriarca Abraham, se multiplicaron como las estrellas del firmamento, y ellos fueron, precisamente, los fundadores de esta heroica ex villa de Concepción de Comayagüela.

Pero como todo tiene su fin en esta tierra de dicha y de dolores, sucedió un día que la señora Laureana, que ya pasaba de los cien años de existencia, empezó a sentir los achaques consiguientes a su edad, que son indudablemente los mensajes que nos anuncian la muerte, y se produjo, como es natural suponer, la indispensable inquietud en el ánimo de todos los miembros de aquella numerosa familia, pues ya en esa época todos sus hijos se habían casado, siguiendo el precepto eclesiástico, toda vez que ellos eran muy buenos creyentes de la religión de Cristo.

Todos los días, en la mañana, era de verse la procesión de sus nietos, hijos e hijas, cómo llegaban a verla del Cerro Grande, La Soledad, El Carrizal, La Burrera y de otros lugares aldeanos vecinos, trayendo toda clase de obsequios y de alimentos, especialmente para prolongar así, según ellos decían, la vida de la anciana "agüela", como los nietos le llamaban a la antiquísima señora Laureana.

Cada uno de estos, que pasaban de treinta, llegaban al "tapexco" en donde yacía la viejecita y le ofrecían los alimentos que le traían, rogándole que los tomara, pues creían justamente que así cumplían con un alto deber de familia cristiana. Daba gusto —refieren las viejas fábulas— ver cómo gozaban los nietos cuando "la agüela" tomaba de todos ellos, aunque fuera una miga, ya un pequeño trago de fresca leche, de chocolate, de atol o de otro cualquiera de los alimentos que acostumbraban nuestros ancestros indígenas.

A cada instante le coreaban este persistente estribillo: "¡Coma ya, agüela!", para estimular sin duda el apetito de la buena señora, quien ya en las postrimerías de su dilatada vida, tal vez porque se le llegaron a grabar tan fuertemente estas sílabas pronunciadas por sus nietos, por un noble sentimiento de ternura filial y de recuerdo imperecedero para sus descendientes, pidió enternecida a todos ellos que la alquería en que había pasado la mayor parte de su dilatada vida la llamaran con el estribillo que tanto le repitieron sus nietos, esto es: "¡Coma ya, agüela!".

Según reza una tradición solariega, muy poco conocida actualmente, este es el origen del nombre de esta esforzada ciudad de Comayagüela, que tanto se ha distinguido en los anales libertarios de la historia nacional.

Y un anciano venerable, a quien le creía cuanto él me decía, puesto que era mi padre, me refirió una vez que el Dr. don Marco Aurelio Soto, cuando fue presidente de la República, se había opuesto a que se le cambiara el nombre a esta ciudad de Comayagüela, tanto porque no era del agrado de la generalidad de sus habitantes como porque dijo "que no había otro igual en el mundo".

Nota: Nuestros indígenas convierten la "b" en "g" frecuentemente, como se ve en el nombre de "Comayagüela", siendo así que, de cualquier modo que se descompongan estas sílabas, tendremos siempre el consabido estribillo de: "Agüela, coma ya" o "Coma ya, agüela".

Comayagüela, D. C., diciembre de 1936

CAPÍTULO IV: FOLKLORE DE COMAYAGÜELA

EL TESORO DE LA CUEVA DE LA CHORRERA

Y aquella mañana dominguera, fresca y primaveral, el fecundo anciano de las charlas pintorescas y sugerentes del cálido folklore de los nativos lares nos hizo este interesante relato:

—Hace muchísimos años que se guardaba en el archivo del antiguo ayuntamiento de Comayagüela el expediente que se formó en uno de los juzgados de esta población, allá por los años de 1812 a 1813, para esclarecer el desaparecimiento de dos hombres que fueron sirvientes durante mucho tiempo de los ricos españoles don Jorge y don Ramón de Montoya, que fueron los primitivos propietarios de la conocida Hacienda de Guacerique, que dista de esta capital como unas tres leguas hacia el rumbo suroeste.

Reza la tradición que los hermanos Montoya eran tan ricos que asoleaban sus inmensas cantidades de oro y de plata en los patios de la hacienda, extendidas sobre cueros, y las guardaban después en viejos arcones y grandes vasijas de barro.

Los propietarios de la hacienda tenían dos criados de confianza, fuera de los numerosos trabajadores que ocupaban en sus faenas agrícolas y pecuarias, y eran aquellos criados, precisamente, los que empleaban en las labores que requerían una completa reserva, por lo cual los trataban con la más amplia consideración en sus diarias y constantes relaciones.

Por aquella época ya había prendido en los pueblos hispanoamericanos la chispa de la Revolución Emancipadora; y en estas apartadas regiones centroamericanas también ya se notaban los primeros síntomas de independencia.

Parece que por esta y otras circunstancias, los hermanos Montoya dispusieron hacer un viaje a su patria, y trataron, naturalmente, de asegurar su cuantioso capital para disponer de él, de la mejor manera, al regreso de su viaje.

Y el buen narrador de este cuento miliunanochesco, como queriendo hacer más patético su relato, se paseaba nerviosamente para darnos este dato fundamental:

—Mi padre, sí, mi padre, tuvo en sus manos y leyó el proceso de los hermanos Montoya, y puedo asegurar que es absolutamente cierto lo que ahora estoy diciendo.

Los hermanos Montoya, como es lógico suponer, conocían perfectamente bien los grandes terrenos de su hacienda, bañados en una considerable extensión por el río Guacerique, de donde esta tomó su nombre, y acordaron guardar escrupulosamente su gran tesoro en la Cueva de la Chorrera, la que habían arreglado especialmente, y la cual se llama así porque queda frente a la margen derecha de la quebrada de este nombre que, juntamente con la quebrada de Guaralalao, son afluentes del río Guacerique.

Esta cueva, que probablemente era muy extensa y de regular altura, fue en parte aterrada y dividida, al parecer, por un muro de cal y canto, pues presenta un boquete hecho por la mano del hombre y por el cual bien puede introducirse una vara bastante larga y no se le encuentra fin.

Ya estando lista aquella, convenientemente, como hemos dicho, procedieron con sus dos criados a trasladar el tesoro de la casa de la hacienda hacia la cueva, llevándolo en bestias durante varios días, con todo el sigilo posible para no ser descubiertos por personas extrañas.

El último día en que terminaron su trabajo, los hermanos Montoya dieron muerte a sus dos sirvientes, que tan fielmente les habían ayudado, siendo por lo mismo poseedores del secreto, dándoles sepultura en la misma cueva, y con el fin, indudablemente, de garantizar todo lo posible la propiedad de su tesoro a su regreso de España.

También se afirma que anduvo acompañándolos en el traslado del tesoro un niño que era deudo de uno de los criados, el que logró fugarse en el momento de cometerse el crimen, y fue el que, ya siendo hombre, lo refirió, y por eso se siguió el correspondiente informativo en el juzgado colonial de Comayagüela.

Los hermanos Montoya emprendieron su viaje, del cual no regresaron, pues se supo que don Jorge murió en su patria poco tiempo después de su llegada, y don Ramón, que fue atacado por la fiebre amarilla a su regreso, falleció en La Habana.

Allá por los años de 1884 a 1885, se intentó por un grupo de personas de Tegucigalpa y de Comayagüela dar con el codiciado tesoro, y, al efecto, hicieron varias excursiones a "La Chorrera", y se valieron para ello de los recursos del espiritismo, comprobándose por medio de él, decían los interesados, que efectivamente allí estaba depositado.

Para convencerse, penetraron a la cueva cuatro hombres de los más resueltos, teniendo que hacerlo en posición difícil, arrastrándose, dos adelante y dos atrás, yendo armados de machetes y revólveres para defenderse de la posible agresión de alguna feroz alimaña que allí pudiera guarecerse, llevando encendida una vela amarrada en una vara larga y fuerte, que les servía de guía en aquel oscuro laberinto.

Al recorrer en aquella posición, como unas treinta varas, se encontraron con el muro de cal y canto y con el boquete ya mencionado, y para comprobar su naturaleza lo alumbraron detenidamente, dejando la vela encendida en la vara dentro de aquella abertura, regresando en la misma forma como habían penetrado, pero con la rapidez que pudieron, porque manifestaron que habían oído un bufido que creyeron sería de alguna pantera que estaba en el interior, a lo que dijeron los otros excursionistas que había sido el bramido de un toro que pastaba en la colina situada enfrente de la cueva.

Todos ellos, que sumaban como veinte, entre hombres y mujeres, al salir de la cueva sus compañeros, se pusieron a deliberar sobre las peripecias de la aventura, y los entendidos en las cábalas espiritistas resolvieron volver a magnetizar a la "médium" que llevaban y evocar los espíritus de los hermanos Montoya, a efecto de saber si estaban dispuestos a concederles el ansiado tesoro; pero resultó que aquellos contestaron —nos dijo enfáticamente nuestro narrador— que se lo darían únicamente a mi padre.

Habiendo regresado a la ciudad muy desconsolados los excursionistas, trataron de convencer al buen señor, a quien los espíritus de los hermanos Montoya estaban resueltos a conceder su tesoro; pero resultó que aquel noble indígena les contestó sencillamente:

—Yo no tengo que andar buscando tesoros que no he guardado y que no he formado con mi trabajo.

Después comentaban algunos de aquellos buscadores de tesoros que esa clase de "entierros", cuando han pasado muchos años, quedan "empactados" y pertenecen al Diablo.

Esta tradición bien podemos considerarla como un recuerdo familiar, pues el inolvidable anciano que nos la relató aquella dichosa mañana de primavera, riente y divina, nos dijo alegremente, pocos meses antes de morir:

—¡Aquí tienes el croquis exacto de la cueva que guarda el tesoro de "La Chorrera", por si alguna vez llegas a creer en "entierros" de tesoros que pertenecen al Diablo!

Comayagüela, D. C., 8 de diciembre de 1950

ANÉCDOTA MUNICIPAL DE COMAYAGÜELA

Me refería un anciano inolvidable, que nunca podré olvidar, puesto que era mi padre, que cuando él principiaba a prestar sus servicios al ayuntamiento municipal de esta ciudad, allá por el año de 1870, y se practicaban las elecciones de autoridades locales, no se notaba en tales actos de la libre ciudadanía el espíritu abiertamente mercantilista y utilitario de la época contemporánea; y que los honrados ciudadanos que salían electos por el voto "desinteresado" de los sufragios populares, muchas veces se sentían apenados, en tal grado, por la designación que se les hacía, no solamente por la gran responsabilidad que contraían con el pueblo, sino porque también nunca abrigaban ningún interés personal, siendo así que era muy frecuente que se diera el caso de que muchos de aquellos sencillos y honrados ciudadanos, electos espontáneamente para el desempeño de los cargos concejiles, preferían ausentarse de la población antes que aceptar las funciones para que habían sido electos por la libre elección de los electores, y hacían tales manifestaciones, no como un acto de indígena rebeldía, sino como una noble expresión del espíritu infantil, ingenuo y honrado que, por lo general, caracterizó a nuestros venerables abuelos.

—Y ahora —me decía el recordado anciano de esta anécdota, como haciendo una moraleja de cívica indignación—, el pueblo vende su voto por un trago de "guaro" o por "cuatro reales", y hay personas que pagan por ser alcalde.

Comayagüela, D. C., diciembre de 1925

INTERESANTE ARTÍCULO DE UN ESCRITOR DE COMAYAGÜELA

A raíz de la propaganda de los padres proyectistas de "su Escuela Parroquial", el escritor de Comayagüela, don Ramón Cáceres Carrero, publicó en el diario El Día, del 18 de julio de 1957, el interesante artículo titulado La Iglesia de Comayagüela, el cual reproducimos aquí, y que dice:

"La Iglesia de Comayagüela. — Tenemos noticia de que los dinámicos sacerdotes de la parroquia de Comayagüela van a construir un edificio para escuela pública, con enseñanza religiosa. Somos los primeros en reconocer la encomiástica labor que han desarrollado los padres franciscanos en bien de la feligresía de la ciudad vecina. Pero lo malo, malísimo, es que esa edificación la hagan, según datos que nos han suministrado, en el terreno baldío que está al sur de la iglesia de la Inmaculada Concepción.

Ese local no debe enajenarse en otra cosa sino en la ampliación de la misma iglesia. Las municipalidades que funcionaron durante los años de 1788 a 1796 cedieron esa manzana de terreno exclusivamente para la iglesia de la patrona de Comayagüela.

Deben tomar en cuenta los señores proyectistas de la escuela en mención que la población de la ciudad vecina ha aumentado de manera sorprendente, y por ende el catolicismo también se ha extendido, de manera que el templo de la Inmaculada es inadecuado para darle cabida a los miles de fieles que asisten a los cultos religiosos. Por esta razón, todos los católicos de Comayagüela debemos primero preocuparnos por ampliar el templo principal, ya que es la única parroquia que existe en la localidad.

Si se quiere edificar la mencionada escuela, la comisión encargada de recaudar fondos para este noble fin debiera mejor pedirle a la Honorable Junta Militar de Gobierno un terreno amplio para que dicho plantel reúna todas las condiciones pedagógicas. Los católicos de Comayagüela no deben permitir por ningún concepto que se siga constriñendo la propiedad de la iglesia, que nuestros antepasados —como Lázaro García, José Francisco Núñez, Marcos

Martínez, Blas Hernández, Diego Gómez, Juan Manuel de los Santos y otros cuyos nombres se nos olvidan— legaron al pueblo de Comayagüela. En años anteriores se construyó la casa cural en terreno de la iglesia; justo es que se le deje libre el área sur para que se edifique un nuevo templo, o se amplíe la actual parroquia, que sea digna de la ciudad de Comayagüela, pues la actual casa de Dios y de la Inmaculada Concepción da el aspecto triste de una iglesia de aldea, por su tamaño y pobreza arquitectónica; sin duda por estas razones, monseñor Agustín Hombach la llamó en cierta ocasión: 'La Iglesia Huérfana de Honduras'."

"Hacemos un llamamiento urgente al señor arzobispo de Tegucigalpa, monseñor José de la Cruz Turcios y Barahona, a fin de que él, como suprema autoridad eclesiástica, no permita que se construya otro edificio seglar en el terreno baldío de la iglesia de la Inmaculada Concepción, pues quedará convertida en vivienda particular, por el hecho de que las monjas que vendrán a servir en la escuela y demás personal tendrán que permanecer en ese local. También hacemos ver al comité encargado de ese laudable proyecto que los gobiernos de la República le han quitado varios terrenos y edificios a Comayagüela, y es de justicia que el Estado le ceda una parcela de terreno a los padres franciscanos para que edifiquen su escuela en un local más adecuado. ¿Estamos?"

"También en la ciudad vecina hay bastantes familias riquísimas, con terrenos baldíos en abundancia y con depósitos de dinero en los bancos nacionales y extranjeros, que bien pueden obsequiar un solar o una suma considerable de lempiras a los padres franciscanos para que construyan el templo del saber, y que no enajenen esas pocas varas cuadradas que son pertenencia exclusiva de la Inmaculada Concepción, para ampliar su iglesia."

"Hechos son amores y no buenas razones", dice un refrán popular.

R. CÁCERES CARRERO

PASIVIDAD DE LA AUTORIDAD ECLESIÁSTICA

Se hicieron varias gestiones verbales con miembros de la autoridad eclesiástica, haciéndoles ver cuál era la opinión de la mayoría del pueblo católico nativo de Comayagüela con respecto a "la escuela" que proyectaban construir los padres extranjeros en los terrenos de nuestra iglesia parroquial; pero, desgraciadamente, no fueron atendidas dichas manifestaciones, siendo vistas con frialdad, y los proyectistas llevaron adelante su empuje arrollador contra los terrenos de nuestro templo, aprovechando, asimismo, la situación de emergencia política y social por la que atravesaba entonces nuestro país, e invocando igualmente, para llevar a cabo su propósito, que contaban con el apoyo de las autoridades civiles, militares y eclesiásticas de Honduras y de otros lugares, y para lo cual se valieron de la prensa y de la radio para darle mayor revuelo a su propaganda, y pasando igualmente a hacer uso de otros medios que sería largo enumerar, pero que se conocen, en parte, por mucha gente de nuestro humilde vecindario.

TABLA DE CONTENIDO